2018 年度辽宁省社科规划基金一般项目（项目编号
2019 年度辽宁省教育厅科学研究项目（项目编号 1

乡村振兴战略下
小城镇发展技术选择研究

张晶　刘炜　著

九 州 出 版 社
JIUZHOUPRESS

图书在版编目（CIP）数据

乡村振兴战略下小城镇发展技术选择研究 / 张晶，刘炜著. -- 北京 ：九州出版社，2021.8
ISBN 978-7-5225-0401-8

Ⅰ. ①乡… Ⅱ. ①张… ②刘… Ⅲ. ①小城镇－城市建设－研究－中国 Ⅳ. ①F299.21

中国版本图书馆CIP数据核字(2021)第161952号

乡村振兴战略下小城镇发展技术选择研究

作　者	张 晶 刘 炜 著
责任编辑	赵恒丹
出版发行	九州出版社
地　址	北京市西城区阜外大街甲 35 号（100037）
发行电话	（010）68992190/3/5/6
网　址	www.jiuzhoupress.com
印　刷	北京旺都印务有限公司
开　本	880 毫米×1230 毫米　32 开
印　张	7.25
字　数	180 千字
版　次	2021 年 8 月第 1 版
印　次	2021 年 8 月第 1 次印刷
书　号	ISBN 978-7-5225-0401-8
定　价	68.00 元

前言

　　中国的新型城镇化之路是在实践—认识—再实践—再认识的路径上不断反复实现的,这符合马克思主义认识论的基本原理,我们的国家在党的领导下实践着中国特色社会主义道路。新型城镇化问题从感性上升到理性,从表面理解过渡到社会实践。党的十九大把实施乡村振兴战略作为贯彻新发展理念、建设现代化经济体系的内容之一。当前中国仍然处在快速城镇化的阶段,中国的新型城镇化在实践中探索的发展路径,从多化统筹、绿色小镇、特色小城镇,再到实施乡村振兴战略,国家不断地根据城镇化的实践调整下一步的城镇化方向和策略。城市发展与乡村振兴同步进行,最后要实现的都是人的幸福美好生活,这是最终目标也是最高目标。

　　根据 2021 年中央一号文件指示,要把全面推进乡村振兴作为实现中华民族伟大复兴的一项重大任务,将脱贫攻坚与乡村振兴有效衔接是党中央对我国未来农村扶贫工作以及乡村振兴工作进行的战略性部署。乡村振兴战略下小城镇建设是一个复杂的社会实践,其关键要解决的问题是什么,选择什么技术来解决这些问题,本书尝试运用社会建构论的观点，从政治、经济、社会、文化等不同角度来评估，对乡村振兴战略下的小城镇建设的技术选择进行研究。

纵观国外发达与发展中国家的城市化进程，小城镇建设都是其中的重要内容。乡村的城镇化与城市的持续城市化是中国新型城镇化的两个方向，但无论是哪个方向，新型城镇化的目标是"人"。不同地区根据各自特点采取不同的模式进行小城镇建设，使得小城镇成为推动城市化进程的重要推力器，发展小城镇是城镇化进程中不可回避的一个环节，是实现城乡一体化、促进社会经济整体发展的关键。

自2013年，笔者与辽阳市辽阳县发改局正式签订咨询服务合同时，已开启了在新型城镇化方向上的研究之路。在本书中，首先，论述了中国城镇化发展之路，包括中国的城镇化之路、新型城镇化发展、五化统筹与绿色城镇化、乡村振兴战略等。其次，分析了中国小城镇发展的现实路径与主要矛盾；详细阐述了小城镇发展面临的现实矛盾，并提出了小城镇发展的技术选择原则。再次，对国外小城镇发展实践进行了阐述并分析其经验；分析了东西方五个发达国家小城镇建设的模式，总结了这些小城镇发展的经验。此外，又从价值论的路径，分析小城镇建设新目标所具有的价值，剖析这些价值与传统城镇化的价值不同，认为这恰恰是实践中产生问题与矛盾的原因所在。由此形成新的评价标准，作为技术选择的价值基础。另外，以辽宁省辽阳市辽阳县的小城镇建设为例，总结其发展过程中的技术选择：利用规划技术加快城乡一体化，利用农业技术提升农业现代化水平，通过信息技术构建现代新型工业体系，应用现代信息技术促进现代服务业发展。最后，通过分析辽阳县小城镇发展的技术选择得失，提出乡村振兴战略下小城镇发展的技术选择路径；综合规划技术、绿色技术、智能化技术、5G技术缺一不可。

目 录

第一章 中国新型城镇化发展历程

第一节 中国的城镇化历程

一、中国城镇化历史简述

从冰河时代起，人类聚落规划和住宅产生，都是根据具体的自然环境自然形成的。中国古代在自然经济下，城市规模，如古长安，人口可达百万，但城市人口与农村人口相比，仍然比例较低。所谓城市化（城镇化）是指工业化以来，城市产业的聚集所带来的城市人口的大量聚集，改变了城市和农村人口的比例。世界城市化进程的历史中既有缓慢发展的阶段，也有快速跃迁的阶段。那么，中国的城镇化历史又是一种什么样态呢？

自戊戌变法以来，工业化在中国开始萌芽，虽然也有新型城市规划的建设实践和民族产业的发展，农村人口开始涌向城市，但由于受到世界列强的侵略，以及受到军阀割据的困扰，导致中国城市化的发展不均衡，城市化进程缓慢，因此，中国真正的城镇化应当从新中国成立后才得以大规模展开。本书将我国传统城镇化的历史发展分为三个阶段：（1）1949 年—1978 年为政府主导的城市化阶段；（2）1978 年—2000 年为双模式并存的城镇化阶段；（3）2000 年—2013 年为都市化的快速发展阶段。（4）2014 年至今新型城镇化发展阶段。

二、政府主导的城市化阶段

新中国成立至改革开放之前，我国的城镇化进程主要是自上而下型政府主导模式。

新中国成立前的城市具有半封建半殖民地性质，与农村严重对立。新中国成立后改造了这些城市，建设了一批新的城市，城市的现代工业、市政工程和公共设施不断发展，城市面貌得到改变。如西北省会城市西宁，新中国成立前，城市建设十分落后，全城只有一条半里长的石子路，人们戏称西宁为"泥泞"。新中国成立后，城市建设受到党和政府的高度重视。1956 年，开始铺修第一条柏油路。1958 年，进行第一次城市规划，西宁市城市建设纳入科学、合理、有计划的发展道路。但我国小城市发展缓慢，城镇人口的地区分布有了合理的改变，但仍不平衡。

从 1949 年新中国成立到 1978 年以前，中国的城市化相当缓慢，在 1950 至 1980 年的 30 年中，全世界城市人口的比重由 28.4% 上升到 41.3%，其中发展中国家由 16.2% 上升到 30.5%，但是中国仅由 11.2% 上升到 19.4%。这种城市化的缓慢发展并不是建立在工业发展停滞或缓慢的基础上，正相反，改革开放前的 29 年，中国的工业和国民经济增长速度并不算慢，工业总产值 1978 年比 1949 年增长了 38.18 倍，工业总产值在工农业总产值中的比重，由 1949 年的 30%

提高到 1978 年的 72.2%，社会总产值增长 12.44 倍。

这一阶段的城市化有几个特点：

一是政府是城市化动力机制的主体，由政府制定详细的规划，从"一五"计划 (1953—1957) 到"五五"计划（1976—1980 年），城市发展规模都是由政府计划规定的。

二是以工业化促进城市化。城市的扩张主要是出于工业产业的发展，新城市建设也是出于工业化的需要，城市化的区域发展受高度集中的计划体制的制约。如北京新增加人口，多是由于首钢这样的工业企业发展需要。新型城市建设也是依据工业化布局，如石油城市克拉玛依市、大庆市和东营市。

三是城乡分离严重，自 20 世纪 50 年代中期以后建立了城乡二元分割的社会结构，使得城市化长期处于停滞状态。户籍制度的建立使城市与农村人口的流动极少。城市化对非农劳动力的吸纳能力很低。

三、双模式并存的城镇化阶段

20 世纪 70 年代末改革开放至 20 世纪末的这一时期内，自下而上出现了以"农村建立乡镇企业，离土不离乡"为特色的小城镇化模式，与此并存的是由政府主导的、自上而下的"城市为主导，以城带乡"的城镇化模式。

前者是由中国乡村工业化掀起的城镇化。"村之首、城之尾"的小城镇作为我国乡村工业化与城镇化的重要载体。产业集群是乡镇企业与小城镇互动之间的媒介，通过集聚效应、扩散效应、示范效应和规模效应来发挥作用，且互动的过程有利于形成创业网络，促进传统农民角色的转化。

中国乡村工业化掀起的城镇化模式包括苏南模式、浙江模式、珠三角模式（广东顺德模式）等。苏南模式可以概括为内外结合，"乡村为主导，乡镇企业拉动城乡经济发展"。浙江模式可以理解为内力自生型发展，即在农村经济（尤其是乡镇企业）发展的基础上，乡镇自行生长、形成和发展，典型代表是浙江的温州模式。珠江三角洲模式主要是依托区位优势和历史条件，利用外来投资和集体土地资本化来推动当地农村工业化，从而推动农村地区快速城镇化。该模式受到地缘因素的影响，完全对外开放。

自上而下的城镇化发展模式是指城市建设的发展以及城市产业聚集的带动作用。产业聚集是城市化发展的主要动力，其作用表现在产业聚集带动了分工，集中了需求，形成了辅助性的服务，进而促进了城市对农业劳动力的吸收。其主要特点是"城市吸纳农村劳动力转移，离土离乡"。从城市人口看，从20%到40%的城市化率，英国用了120年，美国用了80年，中国仅用了22年。从城镇数量看，据近百年的统计，美国城镇数目大约是每20年增长1倍。在中国，1978年全国共计有小城镇2176座，到2000年猛增至20312座，有近90%的小城镇是改革开放后建成的，平均每年增加超过了820个。但这一阶段也存在着宏观控制力弱、工业点空间布局分散、农村土地开发粗放、利用效率低下、农地减少过快、环境污染严重及治理成本升高等一系列问题。

四、都市化的快速发展阶段

这一阶段的时间区间为2000年—2013年。中国开始步入都市化时代，到2010年，中国初具形态的城市群超过了20个，人口超过500万以上的城市达12个，超1000万的城市已经有4个。这一阶段的特征是大城市急剧膨胀，更多的是农村人口涌入城市，大城市在快速的土地扩张中，提升城镇化率。从人口的城市化来看，2012年中国达到了52.6%的城市化率（国家统计口径称城镇化率），从一个侧面反映了中国城市化的现状。

这一阶段城市化的发展也带来了一些尖锐的问题：

借助中心城市和城市圈的发展，集聚着国家和区域最优质的人口、资源和资金，是中国国家综合实力和国际竞争力的核心板块。带来的问题是中心城市发展过大过快，造成城市不能容纳的限度，城市交通拥挤、环境污染问题突出。

我国的人口城市化大大滞后于土地城市化，大量乡村人口进城为城市化发展做出了巨大贡献，却没有实现真正的市民化，"更没有分享到与其巨大贡献相一致的城市化收益"。若按居住地来计算，中国城市化率已达52%。若按户籍人口计算，2012年中国人口的城市化率只有35%；众所周知户，籍与教育、住房、医疗等多项福利相关联。

农村则更严重的空心化，土地荒废化、留守儿童等社会问题到了不能不解决的程度。

五、新型城镇化发展阶段

2014年起以《国家新型城镇化规划（2014—2020年）》的出台，标志着新型城镇化的发展阶段的开始，规划主题由城市化改为城镇化，代表了新的理念，将开拓新的实践。

在学术界，这一理念最早是由武汉大学辜胜阻教授提出来的，即"二元城镇化发展理论"。该理论认为：绝对的"大城市论""中等城市论""小城市论"者所主张的发展某一类城市的观点都不符合中国的实际。他主张以"城镇化",而非"城市化"作为中国现代化发展的模式。首先,中国人口众多,中国大城市能源和自然资源的超常规利用的压力使城市无法承受,不可能采用与欧美等发达国家的城市化一样的模式;其次,同样是人口密度很大,但中国与日本相比,中国城乡发展不平衡,城乡二元分割的社会结构严重制约了城镇化健康发展,因此针对这些问题,必须采用适合中国国情的路径和模式。

今后新型城镇化的主要任务之一不再是一味扩大城市的空间,而是要着眼于农民工进城落户、迁徙人口在城市定居,即人口的市民化,其中首先是已经进城的 2.6 亿农民工市民化。

同时,新型城镇化的另一个主要任务是解决城乡协调发展的问题。城市化是世界上所有国家和地区实现现代化的必由之路;科学合理地推进城市化进程,是我国消除城乡二元结构、促进城乡协调发展的基本途径。

面对种种困境,新型城镇化既是挑战,又是机遇。城镇化是中国当前最大的市场需求,工业化是创造供给的,新型城镇化是创造需求的。城镇化不仅会产生巨大的消费需求,而且也会产生巨大的投资需求,它是一个投资需求和消费需求很好的结合点。

第二节　五化统筹

虽然在世界上的各个地区会有新矛盾伴随着城镇化而生,但学界普遍认为城镇化是不可避免的,是发展中国家实现现代化的必由之路,而新矛盾的产生也是不可避免的。那么正如马克思主义认为的那样，认识与实践是作往复运动的，实践—认识—再实践—再认识，我们在城镇化的进程中不断实践，同时也在不断总结新的理论，进而指导下一次实践，所以我国政府才提出"新型城镇化"。

十八大政策方针更说明新型城镇化改革方案已进入决策层视野，开始引领我国的城镇化建设，十九大报告更是提出实施乡村振兴战略。

一、"五化"基本概念界定

1. 新型工业化

十六大报告指出："坚持以信息化带动工业化，以工业化促进信息化。走出一条科技含量高、经济效益好、资源消耗低、环境污染少、人力资源优势得到充分发挥的新型工业化路子。"报告陈述的内容分析归纳如下：第一，用信息化推动工业化，以工业化促进信息化；第二，依托科技进步，不断改进经济增长的质量从而提高经济效益；第三，产业结构需要优化和升级同时还要保证优化升级的速度，正确处理新型技术产业与传统技术产业之间的关系；第四，控制人口增长，保护环境，合理开发和利用自然资源，实现可持续发展。也就是说，我们要走出一条新道路，在这条道路上保证人力资源得到充分的发挥，与此同时减少资源的消耗，环境的污染，还要运用新技术保证相应的经济利益。十六大报告中明确对我国新型工业化道路做了概括性的说明，体现了中国在工业发展战略上的创新，标志着中国的工业化发展进入了一个崭新的阶段。十八大报告原文"坚持走中国特色新型工业化、信息化、城镇化、农业现代化道路，推动信息化与工业化深度融合、工业化和城镇化良性互动、城镇化和农业现代化相互协调，促进工业化、信息化、城镇化、农业现代化同步发展"也体现出我国走新型工业化道路的创新战略部署。党的十九大报告强调，更好发挥政府作用，推动新型工业化、信息化、城镇、农业现代化同步发展。

"工业化是指工业在国民收入和劳动人口中的份额连续上升的过程，属于描述性定义，是对一定时期工业化过程现象的理论描述"。而聂哲和何平认为"工业化通过发展工业实现农业部门向非农业部门的转变"，其实工业化一般就是指传统的农业社会向现代化社会转变的过程。这是个长期的，不断变化的过程。传统工业化是指："以第一、二次技术革命诞生与完成为标志、以蒸汽技术与电气技术等主导技术为武装、以电能与磁能等能源为支撑的机器化大生产工业。"传统工业化的特征包括先发展工业化再发展信息化；先发展经济再治理环境；牺牲农民利益建立工业社会。理解了新型工业化的基本内涵，了解了传统工业化的特征，将传统工业化与新型工业化进行比较不难得出新型工业化的"新"特征所在。首先一点就是信息化和工业化同时进行。就信息化与工业化的发展速度而言，世界上多数发达国家先发展工业化再发展信息化，而我国恰恰相反，我国的工业化发展本身就世界上多数发达国家工业化发展晚，所以在新型工业化的建设中可以充分吸取西方资本主义国家的经验教训，并且由于近些年来我国的信息化发展较快，这为工业化发展创造并提供了有利条件。最后，我国制定了一条道路，这条道路以信息化为基础带动工业化的新型工业化道路。其次一点就是重视可持续发展问题。西方资本主义国家在实现工业化的进程中往往以消耗能源和破坏自然环境为代价，例如，工厂等会向自然界排放大量的废渣、废水、废气，这些废渣、废水、废气等都会造成环境污染；其他工业问题会造成水土流失并且是十分严重的水土流失；还会导致温室效应全球变暖等诸多环境问题。大量的不可再生能源有被消耗掉的潜在危险性。使得人与自然不能和谐相处。按照党中央的报告要求走工业化道路，在保证发展的可持续性基础上，走出一条能够体现中国特色工业化的新路。再有是推进工业化进程的方式。中国传统工业化进程的推进方式深受苏联模式的影响，这些影响主要体现于国家通过将一切力量，其中包括人力、物力以及财力充分集中在一起，建立以重工业为主的传统工业体系。而我国新型工业化道路在总结我国传统工业化的经验、吸取我国传统工业化的教训的基础上，提出要建立一个具有统一性和开放性的市场体系，同时这种市场体系还要竞争有序，从而来实现我国新型工业化的进程。最后是政府职能问题方面。中国传统工业化道路是政府统一制定政策，建立以重工业为核心的工业化体系，可以说我国的传统工业化道路如何走完全是在政府职能的推动下。然而我国工业化选择了走新型的道路，采取全新的政策，一个统一、开放、竞争公平的市场体系建立完成，从而充分利用市场机制，所以说新型工业化要发展就要靠政府职能发挥出的作用间接进行调节。

2. 新型城镇化

关于城镇化目前还没有一个标准的定义，政府和学术界从多个角度来定义。一般认为，所谓新型城镇化，是指坚持以人为本，以新型工业化为动力，以统筹兼顾为原则，推动城市现代化、城市集群化、城市生态化、农村城镇化，全面提升城镇化质量和水平，走科学发展、集约高效、功能完善、环境友好、社会和谐、个性鲜明、城乡一体、城镇建设与市场化、工业化、产业发展良性互动、大中小城市和小城镇协调发展的城镇化建设之路[1]。人与自然和谐共生是

---

① 邓立丽. 统筹城乡，推进新型城镇化建设 [N]. 文汇报 ,2012-3-19(00b).

新型城镇化的核心，以低碳经济理念引领城镇化同时以生态保护为前提，以节约资源为原则，走出一条绿色道路；对城镇进行低碳规划与建设需要以低能耗、低污染、低排放、高效率、高收益为宗旨；从优化产业和能源结构入手，将生态文明理念融入城镇化发展中，以提高城市生态环境承载力，新型城镇化发展需要良好的生态环境做支撑，目的是实现城镇化的可持续推进。严海玲根据中国共产党第十八次全国代表大会的报告中提出新型城镇化实际建设过程中应形成的布局，就新型城镇化体现出的内涵而言总结如下：实现城镇化是从人的层面上作为出发点和落脚点；实现新型城镇化是实现"四化"的一个目标，同时推动工业和农业朝着现代化、智能化的目标发展；新型城镇化以合理化的布局和协调好城乡关系为目标，以推进城乡可持续发展为工作重点；新型城镇化是将生态文明理念融入城镇化的建设中，以建立环保低碳、高效、智能化、集约化的城镇为目标；新型城镇化的建设又以中国传统文化为核心，尊重并弘扬中国传统文化，以传统文化为基础，以多元化发展为目标[①]。胡际权指出，所谓的新型城镇化，是体现以人为本、全面协调可持续发展的科学理念，以发展集约型经济与构建和谐社会为目标、以市场机制为主导、大中小城市规模适度、布局合理、结构协调、网络体系完善；与新型工业化、信息化和农业现代化互动、产业支撑力强、就业机会充分、生态环境优美、城乡一体的城镇化发展道路。

　　既然叫新型城镇化，那么就要与旧的城镇化模式有所区别，与传统的城镇化模式有不同的元素与内涵。新型城镇化把"人"放在了首位，以人为本成为发展的理念。那么传统城镇化中的弊端和带

---

① 　严海玲 . 基于生态文明的新型城镇化探讨 [J]. 经营管理者 ,2014,(3):271.

来的后果,要在新型城镇化的探索中克服和改变,以期带来"新型"城镇化这一目标,实现"化"人的目的。新型城镇化应该具备"新"特征,才能为其带来强大的生命力,符合时代的发展要求,为我国经济的发展带来内生性的推动力。

3. 农业现代化

传统农业化在发展中国家不能促进经济增长,只有农业现代化才能对经济增长做出重大贡献。农业现代化是中国化的概念,是指利用技术改造传统农业的历史过程,即传统农业不断向现代农业转变的过程,此过程指先进生产要素不断应用于传统农业中引发的包括物质、人力、技术、制度等一系列要素的变革和更新,表现为农业综合生产能力的增强并实现经济效益、社会效益和生态效益的显著提升。农业现代化依靠工业化和信息化所带来的创新技术,以科学发展观为指导,改进传统的农业生产方式,以提高农业综合效益,促进农民增收,统筹城乡发展,创造良好的生态环境,实现农业可持续发展。国外农业现代化主要有两条路径,一是以美国为代表的国家,土地资源丰富,工业化水平高,机械价格低廉,因而农业生产中机械对劳动力的替代效应明显。二是以日本为代表的国家,由于土地资源的稀缺,农业现代化是为了提高产量,走资源高效节约的道路。早期农业现代化,无论是依托科技投入,还是提高农业组织化管理水平,最终目的都集中在推动农业技术发展和提高农业产量水平上。而新型农业现代化在关注农业产出的同时,更加关注农民收入水平的提高和农业生产的可持续性。在生产环节,实行组织化、专业化、合作化生产,积极拓展农产品加工产业链深度,不仅注重农用机械的使用和新技术推广,而且对于生产辅助材料,如肥料、农药的选择等更加规范科学;在销售环节,实行市场化、多元化销售，加强市场调节力度，提高信息引导水平，拓展销售路径，稳步增加农民收入。在整个产销流程中，突出农业组织管理，提高对农作物的综合利用水平，做到污染小、效益高、可持续。

农业现代化的基本特征如下：一是，现代农业科技的贡献率较高，其特点是现代农业科技作为现代管理的一种标志，农业综合生产能力不断提高；二是完备的农业基础设施，包括发达的农田水利设施以及气象方面的基础设施，除此之外农业基础还包括畅通的流通销售渠道，标准化的生产基地，更重要的是农业教育，农业科研技术推广；三是农业机械化水平和生产率较高，整个农业产业化进程都应用机械化，农业劳动生产率较高，农村劳动力向城镇转移加快；四是土地产出率高，表现为土地规模不断扩大，单位土地面积产量高；五是农业产业化的发展，纵向一体化管理和横向一体化管理的绩效不断深化，农业产业链不断延伸，专业化、组织化和农业产业化程度不断提高；六是城乡一体化，城市和农村的资源配置，公共服务，公共服务的分配都享受同样的待遇；七是农业的可持续发展，表现为生态经济和社会协调发展。

农业化贯穿于整个人类文明，至今经历了三个阶段：初始阶段为原始农业，距今 12000 年前，将野生的动物和植物进行驯化和培育是迈进原始农业的一项技术突破，标志是人类开始使用火并不再过茹毛饮血的生活；第二阶段为传统农业，大约的时间是公元前 5 世纪末到 6 世纪初直至 20 世纪初，在农具上不再使用原始的石器农具换成了金属和木制农具，随后铁器的使用得到了推广；第三阶段是现代农业阶段，时间上来讲是从 20 世纪初至今，主要表现是机械化的使用范围不断扩大，不断替换了手工劳动，其标志是机械化、自动化、化学化、信息化、数字化、网络化、智能化。目前，世界范围内的农业发展很不平衡，因此我们可以看到农业发展的各个阶段。发达国家的农业已经到达了现代化水平，他们的农业生产水平高效率高，城乡差距也小，而发展中国家的农业还停留在传统的农业发展阶段，生产水平一般，生产效率一般，城乡差距大。

4. 信息化

信息化最早是 1963 年由日本学者梅棹忠夫提出的，随后很多学者对其进行了论述。在我国，信息化的提出比城镇化早但晚于工业化。国内学者钟义信提出，信息化是指在每个经济领域和绝大多数社会行为领域中广泛、有效地采用先进的信息技术，从而全面地、极大地扩展和提高社会生产效率，管理、教育和创新效率，以及生活的质量的一个历史过程。王振宇认为信息化是指信息在政治、经济、社会中的作用逐渐大于物质存在。十八大报告明确把"信息化水平大幅提升"纳入全面建成小康社会的目标之一，并提出要促进工业化、信息化、城镇化、农业现代化"四化"同步发展。"四化同步"明确指出了信息化的作用强调了信息化的地位，一方面，信息产业的发展作为衡量信息化发展水平的重要指标，如软件、电子商务以及互联网、大数据等新一代信息技术产业；另一方面，信息技术作为一种应用的发展也为工业化、农业现代化和城镇化服务。信息化与工业化、城镇化、农业现代化三者在实践中表现出的关联程度不同，信息化作为一种技术手段推进工业化和农业现代化的进程；对于城镇化建设而言，信息化体现在最终城镇化建设和发展的结果中，表现为人们的日常生活是否融入了现代化的信息技术，或者说信息化的产物是否真正为人们的生活提供了便利，显现在生活的细节中。信息化是把信息技术作为一种生产力来提高社会生产效率，提高人民生活质量，使人民生活水平尽快达到小康水平，同时促进工业化、城镇化、农业现代化发展。党的十九大报告提出了"智慧社会"概念，为社会信息化指明了方向。

信息化有如下基本特征：一是计算机和互联网得到了普及，主要表现是网络化数字化的加快，推进全球化进程的加快；二是以生产知识为主要形式的生产，主要表现为智能化、人力资本更为重要；三是服务业的经济社会结构占主导，主要表现为社会经济结构的转型；四是社会生产率和产业效率的大幅度提高，主要表现为生产过程中的自动化、智能化、电子化等；五是服务系统综合化，主要表现为业务的综合性和行业的合作性。

信息化发展阶段主要分为三个阶段：第一阶段是信息基础设施阶段，计算机、互联网普及率急剧上升，信息技术快速增长；第二阶段是应用阶段，表现为传统行业信息的转型，社会、文化信息的加速发展，信息技术的深度开发；第三阶段是影响阶段，体现为信息技术产业继续保持快速增长势头，信息技术推广逐步深化，新近兴起的产业蓬勃发展，数字化、智能化、自动化、电子化等全面推进，全球化趋于一致，信息化水平日益显著。

5. 绿色化

"绿色化"这一概念首次出现在中央政治局会议上，这是对党的十八大提出的"促进工业化、信息化、城镇化、农业现代化同步发展"的提升。在会议通过的《中共中央国务院关于加快推进生态文明建设的意见》中有提出"协同推进新型工业化、信息化、城镇化、农业现代化和绿色化"。这标志着我国现代化战略从"四化同步"发展成为"五化协同"。党中央对生态文明建设的重要战略规划已上升到一个重要的战略规划，实施现代化的新战略，需要深入研究和把握绿色创新理论，首先要明确绿色化的概念内涵。所谓绿色化是一个过程,是生态文明建设和经济社会相互融合协调发展的过程。化是一个过程,是指事物要达到的某种状态,类似于城镇化,城镇化是一个致力于将城乡人口成功转化为城市人口的化人的过程。绿色化就是加大宣传绿色理念、政策,使人们了解国家绿色发展的战略,形成绿色的价值观,将生态文明建设视为己任,最终体现在人们的外在表现和行为上。具体说来绿色化体现在生产方式、经济形态、生活方式、消费模式、价值取向等各个层面。

在生产方式方面必然要形成绿色化的生产方式,这种生产方式的要求是本身具有较高的科技含量,所消耗的资源较少,所造成的环境污染也较少,最终的目的是使经济到达绿色化标准,并且以绿色为中心点带动产业发展形成绿色产业,形成经济社会发展的新增长点。低碳循环技术,清洁能源新型能源等构成了绿色产业形成了绿色经济。近几年来,我们在这些行业和技术上做了不懈的探索,取得了良好的效果,目前绿色经济化已现眉目。

绿色化体现在经济形态上,国务院发展研究中心研究员张立群看来,绿色低碳环保的发展方式,也可在优化经济发展空间格局中形成,包括工业布局、城市布局、产业布局以及资源环境的合理调整。将绿色化融入生产方式中,要全方位整合现有的生产技术再以绿色化为要素开发新技术,所以说绿色化的生产方式不仅仅只是生产技术优化升级,还包括生产原料的选择上选用绿色原料和能源,后期的废弃物处理排放都要本着绿色化原则,先处理再排放,避免造成环境污染。

"绿色化"是一种生活方式,绿色的生活方式是每个公民的生活宗旨,我们的生活方式要向勤俭节约,绿色低碳的方向转变,对于青年一代人来讲,从小事做起尤为重要,节约用水用电,少开不开车做到低碳出行，餐后打包剩余食物积极响应政府号召参与到光盘行动中等等的小行动聚集起来都会较少对环境的污染给环保做出贡献。

"绿色化"也是一种消费模式，以往人们可能并未将勤俭节约放在首要位置，也没有类似将剩余饭菜打包的节约习惯，但是自从人们意识到铺张浪费的严重性的时候，便相继发出了类似"光盘行动"的口号，这些都是力戒奢侈浪费和不合理消费，消费模式在潜移默化的转变。

"绿色化"更是一种价值取向。"把生态文明纳入社会主义核心价值体系，形成人人、事事、时时崇尚生态文明的社会新风"。绿色发展是发展生态文明的重要途径之一。绿色化更主要的人的绿色化，坚持绿色德育教育，实现心灵的绿色化，关键是提升全体国民的生态环保意识和现代绿色意识，可以通过进行全民性的生态环境教育；严肃法纪，从严治污；加强社会监管，倡导生活方式"绿色化"等方式实现"绿色化"。

二、五化统筹的含义

统与筹之间的关系揭示了实现某种目标的过程，从表面意义上说，它是一个统一的计划，从深层次的，它包括一个过程的五个步骤，也即是统一筹测、统一筹划、统筹安排、统一运筹和统筹兼顾。

要说明五化统筹的含义，就要从"五化"是如何提出的入手。五化是在四化的基础上提出的，而四化是在三化的基础上提出的。

三化协调发展是在国际国内背景下提出的。从国际上看，各个国家要走的现代化之路也是"三化"协调发展之路。我们知道世界上大多数的发达国家已经成功实现了工业化、城镇化和农业现代化。

国外实现了三化实现了现代化，三化和现代化的成功为我国的三化发展提供了以下几点的经验和启示：一是在现代化进程中，农业人口的迁移与城镇化发展水平相适应，农业现代化的发展与工业化、城镇化的发展相协调。"仅仅依靠超前的工业化、过度的城镇化，而没有农业现代化的同步发展，很难从根本上改变农村的落后面貌"；二是在现代化进程中，单一的传统的工业化之路已经不可行，给社会经济发展带来诸如环境污染，资源浪费等一系列问题，还有以廉价的资源和劳动力为依托的经济发展模式属于粗放型发展模式，先污染后治理，给自然环境带来巨大的灾难。为了工业化的快速提升便以牺牲农业和农民的利益为代价，这样做的后果是造成了人民的收入不平等和劳动报酬分配不均，贫富差距加大等问题；三是在我国实行现代化的进程中要发挥政府应尽的职能还要注意市场自身的调节。欧美早期和主要的工业化国家，大部分是依靠市场自身的调节机制逐步实现"三化"的同步发展，但是道路是漫长的。而新兴发达国家，如日本、韩国等，在市场调节的基础上，政府的行政部门进行了适度的行政干预，体现了政府职能对经济发展的调节作用，较快实现了"三化"同步发展。因此，如何探索科学合理、环境保护、统筹考虑工业化、城市化和农业现代化的道路，已成为当今世界经济发展的主题之一。由于"三农问题"的出现，我国开始对"三化"问题进行研究。此后透过"三农"所引起的一系列问题，包括农民工问题、农村留守儿童和留守老人问题，城乡收入差距问题等，不少学者开始从体制上寻找造成这种状况的原因，城乡的二元经济体制的改革又再次成为社会各界所关注度的焦点。围绕农业发展、农村经济发展和农民增收问题，党的十六大首先提出了从城乡统筹的角度推进社会经济的发展，十六届三中全会首次从科学发展观的角度，把"城乡统筹"关系建设列为五个统筹关系的首位。科学发展观思想对发展的理解不再停留在传统的、粗放的、片面的增长层面，而更多地关注发展的质量和均衡。在工业反哺农业的方针和以城镇建设带动乡村发展的政策的指引下，我国工业化进程、城镇化建设和农业现代化发展三者紧密联系在一起。党的十七大更是把城乡经济一体化建设放在了突出位置。因而"城乡统筹""科学发展观"思想可以认为是孕育"三化"的土壤。改革开放以来，我国的工业化和城市化得到了迅速的发展，但随着国家现代化进程的加快，农产品的供给和需求日益紧张，同时还要保证农产品的质量，这样的压力越来越大。陈锡文把当前农村问题概括为："一方面是农业自然资源的约束日益趋紧，另一方面是人口继续增加，生活水平不断提高，对农产品的需求在持续增长。"我国农业现代化水平与发达国家相比还处于较低的位置。民以食为天，国泰民安最主要的前提是要保证粮食和食品的安全，这点是毋庸置疑的，只有走高效、节约的农业现代化道路，才能从根本上保证我国粮食安全。所以"三化"之间的协调发展有利于加快我国经济增长方式的转变速度，也对破解我国经济社会发展中遇到的难题起到一定的作用。吉林省已成为全国第一个提出并实施"三化"统筹协调发展实行整体建设的省份。此举也与 2010 年 10 月《中共中央关于制定国民经济和社会发展第十二个五年规划的建议》提出的"在工业化、城镇化深入发展中同步推进农业现代化"相吻合。随后，2011 年 9 月，为加快中原经济区建设，河南省提出"不以牺牲农业和粮食、生态和环境为代价的新型城镇化新型工业化新型农业现代化'三化'协调科学发展的路子"。

四化同步是在三化的基础上由十八大报告提出的，具体内容如下："促进工业化、信息化、城镇化、农业现代化同步发展"，"坚持走中国特色新型工业化、信息化、城镇化、农业现代化道路，推动信息化与工业化深度融合，工业化和城镇化良性互动、城镇化和农业现代化相互协调、促进工业化、信息化、城镇化、农业现代化同步发展"。这表明，加入信息化，将原来的三化扩为四化，信息化已被提升到国家发展战略的高度。工业化、城镇化、农业现代化对信息化的发展提出了需求，同时，信息技术具有时代性和应用性，这两个特性使得信息化能够融入三化建设的各个环节，为三化提供有力的技术保障与支持，在有信息化融入的三化建设良性发展过程中也会对信息化的发展提出更高的要求，三化与新加入的信息化属于相辅相成的关系，共同发展，共同进步，相互协调。四化同步指明了信息化发展的思路，理清区域工业化、城镇化、农业现代化的发展水平，及其对信息化的需要尤为重要。

五化统筹在四化同步的基础上新加入了"绿色化"这一概念，"绿色化"概念首次出现在中央政治局会议上，对十八大提出的理论进行进一步阐述，对工业化、信息化、城镇化和农业现代化同步发展理论进行提升。"化"是一个过程，是指事物要达到某种状态所经历的过程。绿色化体现在生产方式、经济形态、生活方式、消费模式、价值取向等各个层面。加大宣传绿色理念、政策，使人们了解国家绿色发展的战略，形成绿色的价值观，将生态文明建设视为己任，最终体现在人们的外在表现和行为上。在四化同步发展中已经说明了四化之间的关系，即：信息化带动工业化；工业化与城镇化适度同步进行；农业现代化促进工业化的发展。此时加入"绿色化"概念，将四化扩展为五化，跟当初将信息化加入工业化、城镇化和农业现代化中将三化扩展为四化一样，现在将绿色化融入工业化、城镇化、农业现代化和信息化中。绿色体现在生产方式、经济形态、生活方式、消费模式、价值取向等方面，因此它必须是绿色的。全方位的推进绿色发展，就要迅速且有深度的将绿色化融入新型工业化、新型城镇化和农业现代化中。

目前，本书认为五化统筹的含义可以理解为中国的新型工业化、城市化、农业现代化、信息与绿色的相互融合、协调、平衡的发展，还要符合科学发展观。五化间的相互融合协调发展具体做法如下：信息化深度融入到工业化、城镇化和农业现代化中，与其同步发展；工业化要与城镇化形成良性互动；农业现代化支撑工业化的发展；将绿色化的绿色发展理念融入到新型工业化、新型城镇化和农业现代化建设中。

三、我国"五化统筹"之间的关系

1. 信息化与工业化深度融合

关于信息化的叙述有许多不同的说法，有一种说法是信息化是由信息技术引起的工业经济社会向信息经济社会转变的过程，还有一种说法认为信息化是工业社会向信息社会的进程。1997 年召开的首届全国信息化工作会议，对信息化定义为："信息化是指培育、发展以智能化工具为代表的新的生产力并使之造福于社会的历史过程。"

信息化和工业化融合的问题，在我国可以说已经算不上是一个新问题了。事实上，信息技术与产业化相结合，这是从 20 世纪末以来，一直备受关注的话题，也是被不断探讨的话题。早在 2002 年召开的十六大就已经提出了以信息化带动工业化，以工业化促进信息化的战略决策；也在 2007 年召开的十七大上又再次明确提出要信息化和工业化深度融合；党的十七届五中全会通过的《中共中央关于制定国民经济和社会发展第十二个五年规划的建议》进一步强调"推动信息化和工业化深度融合"。十八大召开之后，信息化和工业化的深度融合被赋予了新的含义，即将其与"促进工业化、信息化、城镇化、农业现代化同步发展"放到了一个有机的体系当中。所以说，我们今天深入理解并有效推进信息化和工业化的深度融合，必须紧密联系而不是脱离开最新的"五化"的同步发展。信息化和工业化融合是时代变迁和形势变化的客观要求，是将经济发展一般规律和中国特殊国情与实践有机结合的必然选择，是全面建成小康社会的必由之路。按照发展经济学的一般原理，产业化是推动一个国家发展的重要驱动力，尤其是这个国家的欠发达地区，产业化是现代化进程中的一个重要阶段，是无法逾越的。而中国作为一个发展中大国，无论从自身工业化任务尚未完成的实际情况看，还是从发达国家"再工业化"的经验教训看，都决定了工业化仍是其发展的核心性内容。又由于当今世界总体上已经开始步入信息化时代，我们必须跟上时代发展的潮流，主动、科学地把握住信息化的机遇并迎接其挑战，在努力完成工业化任务的同时，力争使信息化水平大幅提升。

我国选择的工业化道路并不是照搬照抄世界上多数发达国家已经成功走过的工业化道路，而是要走出一条信息化和工业化深度融合具有中国社会主义特色的新型工业化道路。

2. 工业化与城镇化良性互动

从目前发展的状况看，我国处于工业化发展的中期阶段，现在处于并将长期处于这个中期发展阶段。2012年9月中旬，党中央举办了省部级领导干部研讨班，主题是推进城镇化建设，李克强在研讨会上说："城镇化是一个事关长远的大战略，要放在实现现代化和经济社会发展的大趋势中来思考。"城镇化被工业化推动着发展，与此同时城镇化在后方也会给予工业化以有力的支撑。工业化过程一定伴随着城镇化，两者相得益彰，互相促进，对城镇化进行适当改造，以便实现工业化与城镇化的健康、和谐发展。我国选择走新型工业化道路，务必合理处理工业化与城镇化的关系，走出一条具有中国特色的城镇化道路，努力实现两者的适度同步发展。

3. 充分认识农业现代化对工业化的重要作用

要想使新型工业化稳步快速发展，就要充分认识到现代化的农业能够对新型工业化起到哪些重要作用。农业现代化是一个过程，将农业从传统的方式转变为现代化的模式。在农业现代化过程当中，农业借助许多现代化手段使自身得到发展，这些手段包括现代工业，先进科学技术以及管理办法等，使我国农业生产力由原来落后跻身世界先进，由传统变为现代化。习近平总书记在河南兰考座谈会上说"不要让农业现代化和新农村建设掉了队"。充分体现了农业现代化对工业化的两大作用：其一，农业现代化是新型工业化的重要推动力量，农业现代化可以对农业市场和工业产品的需求起到促进作用，变相对工业化有一定的推动作用；其二，实现新型城镇化要农业现代化做保障。

4. 绿色化融入新型工业化、新型城镇化、农业现代化中

"绿色化"概念是今年中共中央政治局会议首次提出的，将"绿色化"与"四化"并举，形成"五化"统筹的新局面。上述已经说明四化之间的关系，即：信息化带动工业化；工业化与城镇化适度同步进行；农业现代化促进工业化的发展。此时加入"绿色化"概念，全方位的推进绿色发展，就要迅速且有深度的将绿色融入新型工业化、新型城镇化和农业现代化中。绿色体现在生产方式、经济形态、生活方式、消费模式、价值取向等方面，因此推进绿色化必

须是全方位的推进。

首先，国家提出"五化同步"新政策。中共中央政治局会议《意见》中首提"绿色化"概念，并与新型工业化、城镇化、信息化、农业现代化并列，将原来的"四化"扩展为"五化"，这意味着，并不是在成功实现了四化之后再来发展绿色化，而是要"五化同步"发展，将绿色化理念融入前四化的发展中，就是说新型工业化、城镇化、信息化、农业现代化的发展都要将绿色作为前提，发展必须是绿色的，更要以绿色为保障发展经济。其次，发展方式立足经济新常态。经济新常态告诉我们，传统的发展时代已经结束，所谓传统的发展时代是指人们追求发展规模和速度，追求单纯的经济利益，忽略生产带来的环境污染等一系列问题，也指一些高耗能、高排放、高污染行业终将被淘汰。取而代之的是绿色发展新时代。我们不能走西欧北美先污染后治理的经济发展的老路，也不能走早期的资本主义靠对内牺牲广大劳动人民利益、对外疯狂掠夺资源发家的老路。我们应该让中国的发展呈现出一种新的面貌，未来的发展无疑要以绿色创新驱动为引领，将绿色环保、节能减排、循环低碳作为特征保持可持续发展的状态，必须在人力技术资金各方面进行现代化绿色化转型，走出绿色化发展之路。绿色发展是绿色发展模式的体现，是对经济活动和活动后果的重视。再有，绿色技术支撑着绿色发展，技术创新绿色化是未来发展的趋势，绿色技术更将成为驱动经济发展的源泉。新一轮的科技革命和产业变革正在国际化的舞台上进行着，国际产业发展也向着绿色化方向迈进，如美国、日本等国已在多年前制定了创新国家战略，要改变我国绿色技术创新动力不足的现状，要尽快赶上发达国家的步伐，就要以改革创新为动力，让质量和效率齐头并进，要全方位整合现有绿色技术创新要素，建立一种绿色支撑体系，这个体系要面向人才的录用，产品的研发，市场的投入等方面，最终形成一种联动体系，但是要以绿色经济、绿色发展，释放创新潜能和活力为宗旨，让创新发挥重要作用，为绿色转型发展提供推动力。立足我国基本国情追逐世界顶尖的绿色技术，在产业废弃物处理技术、资源循环利用技术、新能源开发利用技术等方面加大投入人力资金和政策扶持力度，形成具有中国特色的绿色技术创新体制机制。最后，全民参与营造绿色生活方式。全方位推进绿色化，让绿色化融入新型工业化、新型城镇化、农业现代化中。"五化"的根本目的是为了人类的幸福，也就是说发展的目标是人不是物，因此可以说绿色化的理念是否已经成为社会主义核心主流价值观的一部分是衡量绿色化的一个重要标准，绿色生活方式是否已经成为老百姓的自觉行为。为此，《意见》强调，必须加快推动生活方式绿色化，实现生活方式和消费模式向勤俭节约、绿色低碳、文明健康的方向转变，力戒奢侈浪费和不合理消费，形成人人、事事、时时崇尚生态文明的社会新风尚，为生态文明建设奠定坚实的社会、群众基础。要倡导绿色理念、形成共识，政府强力推进、落实责任，严格执法惩处、监管到位，激励人人参与、齐抓共管。具体到以下几个方面：第一，开展国家生态环境教育。公共场所的卫生干净程度是衡量一个国家生态环境的重要标准。其主要表现在街道、商店、公共卫生间等公共场所和空间的清洁度是否符合标准。欧洲国家的人们从小就有着较好的生态环境意识，能自觉地将垃圾分类，自觉地爱惜环境，通过大家的努力共同营造出环境优美的栖居地。而在我国还可见乱丢乱放的垃圾，污染环境的行为也可以说是有的。大部分人出国后，在国外都会遵守规定爱护环境，不会出现随手扔垃圾随地吐痰扔烟头这类不文明的行为，但是一回国又我行我素，由此可见外界大环境和周围人的行为对个人的影响比较大。因此，我们迫切需要加强生态和环境保护教育，狠抓生态环境教育，从小学开始普及生态知识，使全社会提高生态环境意识，建立和加强生态环境保护意识，自觉将环境保护视为己任，从自身做起，保护环境，为他人树立榜样，最终形成良好的环保氛围，使人人都能自觉做到保护环境。第二，严肃法纪，从严治污。加强生态文明建设已经成为地方政府的核心，从政府到地方个人形成共同的认识，现在的重要事情是要切实落实执行生态文明建设。"有法不依，执法不严"是当前我国发展绿色化将绿色化融入四化中的存在的主要问题。有关生态环境的法律法规再多，如不按规执行就等于没有。因此，我们必须让违规者付出沉重的代价，严肃法纪，让生态环境得到有效保护。新修订的《环保法》是最重要的一个变化是"每日罚款"，这项措施加大了对破坏环境的人的惩罚力度，让对环境造成损害的惩罚成本远远高于保护环境支付的费用。此外最新的关于生态文明建设的意见中有一项和考核有关的政策，属于此次意见中的一个亮点，这项政策对生态的考核体系提出的非常严格的要求。《意见》明确提出对违背科学发展要求、造成资源环境生态严重破坏的行为要记录在案，实施惩罚。第三，加强社会监督，倡导"绿色化"的生活方式。"绿色化"不是空洞的口号，它体现在生活的方方面面与每个人的行为密切相关。"绿色化"体现在思维方式、生产方式、生活方式、消费方式中，因此有必要全方位的推进"绿色化"进程。要实现"绿色化"，我们需要在建设生态文明的过程中，有意识的，尽全责的从自身做起从现在做起，也从小事做起，实现生活方式和消费模式向勤俭节约、绿色低碳、文明健康的方向转变。同时，要提高公众的参与度，充分调动人民群众参与监督检查的热情和积极性。有关部门可以开通微信、微博等方式与群众真正时事互动，这样既能及时发现生态环境存在的问题，又能提高公众参与生态环境保护的热情，使绿色生活方式成为百姓的自觉行为，为生态文明建设莫定坚实的社会基础、群众基础。

第三节　绿色城镇化

一、绿色城镇化的界定

分析新型城镇化与绿色城镇化之间的关系，首先要明确新型城镇化与绿色城镇化的概念，本书已经对新型城镇化内涵进行了阐释，接下来阐释绿色城镇化的概念。

我国绿色城镇化实践起步较晚，直到"九五"以来才逐步受到国家重视。虽然从国家层面并没有对绿色城镇化做出具体的理论性指导也没有出台相关的战略性政策，但是在部分地区先后零散地开展了一系列关于绿色城镇化的实践，目的是为了预防和治疗严重的生态环境问题。杨晓优认为"绿色城镇化是一个全面绿色发展的关键概念，是基于以人为本宗旨和可持续发展目标的一种注重生态平衡，着眼于人与自然和谐、经济效益与社会环境效益兼容和人们生活质量全面提高的以统筹兼顾为根本方法的新型城镇化道路"[1]。绿色城镇化不仅重视绿色发展的内在要素——环境和资源，而且也重视绿色发展的目标，同时把城镇化的过程和结果中的"绿色化"作为主要内容和途径。沈清基和顾贤荣则认为绿色城镇化是指："城镇发

---

① 　杨晓优.绿色城镇化：中国新型城镇化的必然选择 [J].企业家天地，2013,(10):7.

展与绿色发展紧密结合，城镇的社会和经济发展与其自身的资源供应能力和生态环境容量相协调，具有生态环境可持续性、人的发展文明性、城镇发展健康性等特征的城镇发展模式及路径。"基于上述各观点，结合笔者的研究，本书认为绿色城镇化就是将广大城镇建成生态城镇，就要把以往城镇化道路上高污染、高消耗、高排放的发展模式，转变为低污染、低消耗、低排放的发展模式，把中国城镇建设为低碳的、绿色的、兼顾隔代公平的城镇，充分以科学发展观为指导，使中国的城镇发展走上可持续发展之路。

二、新型城镇化的"新"特征

新型城镇化是在城镇化的基础上提出的，从字面上看"新型城镇化"理应具有独特的地方，本书认为无外乎体现在三个方面，第一，生态的；第二，新的科学技术；第三，中国特殊性问题。

首先，生态的城镇即绿色城镇。建立生态城镇就要把以往城镇化道路上高污染、高消耗、高排放的发展模式，转变为低污染、低消耗、低排放的模式，把中国城镇建设为低碳的、绿色的、兼顾隔代公平的，使中国的城镇发展走上可持续发展之路。在这个地球上，城市拥有超过 50% 的人口，还有许多国家的许多地区正在努力迈入城镇化的门槛，现在的城市和未来的城市都将面临许多潜在性的问题，如能源、资源的消耗、环境的退化、空气和水的质量问题、食品安全问题等。如果这些问题不被重视，不及时解决，那么走城镇化之路将毫无意义，因为无论是传统城镇化还是新型城镇化，化的都是人，最终目的是让更多的人能够生活得更幸福、更平等。新型城镇化就是一个复杂的系统，各个层次的动态都将影响整个系统的平衡。

其次，新的科学技术在中国新型城镇化之路上起到提供技术基础的作用。绿色城镇化道路走低污染、低消耗、低排放的可持续发展之路，必然要改变传统城镇化道路上原有的科学技术系统，有一些技术已经无法适应绿色城镇化道路的发展，绿色城镇化道路的发展也需要原来并不存在的某些领域的新技术作为支撑，因此需要以科技创新来作为实现新型城镇化道路的技术保障。例如，清华大学王富平曾提出过，新型城镇化的衡量标准中有一个叫作可再生能源利用率的新指标，这个新指标出现在生态城市规划中，那么在城镇化的规划阶段要考虑可再生能源的再次利用，还要考虑再次利用采用的技术以及采用该技术的花费。

最后，中国特殊性问题是中国在全球化背景下走新型城镇化道路必须考虑的前提。中国本身就是农业大国，农业人口众多，中国的城镇化步伐落后于发达国家。近几十年经济的高速发展，使我们的城镇化也在突飞猛进，但一定要在走路的同时，远眺前方，关注四周，少走弯路。在关注自身特殊性同时也应清醒看到，西方发达国家城市化之路并非完美并非可完全复制。西方城市化进程中的环境污染问题，从 20 世纪初就已被人关注。因此欧洲在城镇化已经达到 90% 左右的稳定状态的今天，欧盟层面更强调城市的可持续性发展。

三、绿色城镇化与新型城镇化的关系

众所周知，我国走城镇化道路面临着严峻的挑战，因此我国迫切要走新型城镇化道路，然而我国的新型城镇化道路究竟要朝哪个方向发展，答案毋庸置疑，必然要走绿色城镇化道路。绿色城镇化是新型城镇化的必然选择；绿色城镇化是新型城镇化要达到的终极目标；绿色城镇化是新型城镇化的升华。中共十八大报告提出的新型城镇化道路本质上是绿色城镇化，生态文明建设已经成为新时期国家奋斗的目标。新型城镇化的"新"是相对于以往传统城镇化发展来讲的，无论是在思路、观念、模式、行为等方面，还是在体制、技术、产业等方面都有新的突破。更进一步的分析，发展城镇化都需要用"绿色"的生态文明理念进行变革与转型，最重要的还有创新。也可以说我国绿色城镇化建设是在新型城镇化建设的基础上将生态文明理念全程贯彻融入城镇化工作中去。绿色城镇化是对新型城镇化更高的要求，也更加符合科学发展观的要求。因此，本书认为绿色城镇化既是对新型城镇化的过程的要求，又是新型城镇化的结果及目标，更是为十九大乡村振兴战略的提出与实施打下坚实的基础。

第四节　乡村振兴战略

乡村振兴战略是习近平总书记于 2017 年 10 月 18 日在党的十九大报告中提出的战略。十九大报告指出，农业农村农民问题是关系国计民生的根本性问题，必须始终把解决好"三农"问题作为全党工作的重中之重，实施乡村振兴战略。2017 年 12 月 29 日，中央农村工作会议首次提出走中国特色社会主义乡村振兴道路，让农业成为有奔头的产业，让农民成为有吸引力的职业，让农村成为安居乐业的美丽家园。

一、乡村振兴战略的目标与内涵

1. 乡村振兴战略的内涵

乡村振兴战略是新时代背景下乡村发展的重大战略部署，其内涵十分丰富，主要体现在：第一，乡村和城市处于平等发展地位。

第二，乡村振兴战略是"五位一体"总体布局在乡村领域的具体展开，目的是要推动乡村实现全方位发展。十九大报告中提出"产业兴旺、生态宜居、乡风文明、治理有效、生活富裕"的总要求，旨在实现乡村经济、政治、生态、文化、社会全面发展。第三，乡村振兴战略是国家现代化战略体系的重要组成部分。

十九大报告中指出："实施乡村振兴战略，加快推进农业农村现代化。"一方面，农业现代化是我国实现"四化同步"发展的短腿，也是我国全面建成社会主义现代化强国的短腿，没有农业农村的现代化，国家现代化含金量是不足的，是不够格的。实施乡村振兴战略，就是要充分利用乡村的自然资源优势、人文环境、生态风光，在发展好第一产业的基础上，加大科技创新，不断深化农业供给侧结构性改革，完善加工、物流、出售等多个环节，打造完整产业链，借鉴工业化理念和方式，促进一二三产业融合发展，推动实现"粮头食尾、农头工尾"的现代农业。另一方面，农村的现代化是党的十九大报告中首次提出的，我国对农村发展方向进行再思考，旨在要实现农村经济、政治、文化、社会、生态"五位一体"的全面现代化。

因此，本书认为乡村振兴战略是探索我国新型城镇化之路形成的一个新的战略与方向，目的是让农村人过上与城市人无差别的美好生活。

2. 乡村振兴战略的目标

按照党的十九大提出的决胜全面建成小康社会、分两个阶段实现第二个百年奋斗目标的战略安排，中央农村工作会议明确了实施乡村振兴战略的目标任务：到 2020 年，乡村振兴取得重要进展，制度框架和政策体系基本形成；到 2035 年，乡村振兴取得决定性进展，农业农村现代化基本实现；到 2050 年，乡村全面振兴，农业强、农村美、农民富全面实现。2018 年 9 月 21 日，中共中央政治局就实施乡村振兴战略进行第八次集体学习。中共中央总书记习近平在主持学习时强调，乡村振兴战略是党的十九大提出的一项重大战略，是关系全面建设社会主义现代化国家的全局性、历史性任务，是新时代"三农"工作总抓手。2019 年在中央一号文件中李克强总理特别强调 2019 和 2020 年是全面建成小康社会最关键的两年。要完成目标任务目标任务，脱贫攻坚最后堡垒必须攻克，全面小康"三农"领域突出短板必须补上。2020 年"三农"工作总的要求是，坚持以习近平新时代中国特色社会主义思想为指导，全面贯彻党的十九大和十九届二中、三中、四中全会精神，贯彻落实中央经济工作会议精神，对标对表全面建成小康社会目标，强化举措、狠抓落实，集中力量完成打赢脱贫攻坚战和补上全面小康"三农"领域突出短板两大重点任务，持续抓好农业稳产保供和农民增收，推进农业高质量发展，保持农村社会和谐稳定，提升农民群众获得感、幸福感、安全感，确保脱贫攻坚战圆满收官，确保农村同步全面建成小康社会。

全面建成小康社会最突出的就是做好脱贫问题，"三农问题"是脱贫问题的首要问题，同时贫富差距和城乡差距一直存在，且影响人们的生活水平和生活质量和社会发展，因此乡村振兴战略实施备受关注。乡村振兴战略成功的关键是坚持中国共产党的领导和统一部署，打好脱贫攻坚战，要一鼓作气，重点解决好实现"两不愁三保障"面临的突出问题，加大"三区三州"等深度贫困地区和特殊贫困群体脱贫攻坚力度，减少和防止贫困人口返贫，研究解决那些收入水平略高于建档立卡贫困户的群体缺乏政策支持等新问题。

3. "十四五"规划乡村振兴新征途

"十四五"时期是我国全面建成小康社会、实现第一个百年奋斗目标之后，乘势而上开启全面建设社会主义现代化国家新征程、向第二个百年奋斗目标进军的第一个五年。"十四五规划"涉及十分广泛，其中关于乡村振兴的规划更是我们努力奋斗的重要目标。习近平总书记关于脱贫攻坚、"三农"工作的重要论述，乡村振兴战略"二十个字"总要求，围绕脱贫攻坚与乡村振兴有效衔接。

2021年2月，国家乡村振兴局的成立，一方面，彰显着国家对乡村振兴的制度支持与决心；另一方面，也是我国脱贫攻坚战取得全面胜利的一个标志。是实现从脱贫攻坚向乡村振兴的有机转化，是全面实施乡村振兴，奔向新生活、新奋斗的起点。专家们认为和脱贫攻坚相比，激发"内生活力"是实现乡村全面振兴的根本动力源泉。我国经济的不断发展及对乡村发展的重视与推进，乡村振兴战略成为新时代"三农"工作的总抓手，进一步强化示范带动效应，创新机制模式，持续深入的推进乡村振兴战略实施。在"十四五"的征程中，推动实现乡村产业振兴、人才振兴、文化振兴、生态振兴、组织振兴的五大振兴是乡村振兴的目标。各地区需要继续加大脱贫攻坚力度，确保现行标准下农村贫困人口全部脱贫、贫困县全部摘帽。

二、乡村振兴相关问题研究

从中国共产党第十九次全国代表大会以来，国内学术界掀起了一场关于乡村振兴战略的研究热潮。通过对中国知网文献发表的年度趋势来看以"乡村振兴战略"为关键词搜索出文献从无到有主要集中在近几年。以"乡村振兴"为关键词搜索，1995年开始有所涉及，大多主要围绕其中某一方面，如：经济、文化、生态等方面，研究涉及面比较狭窄，没有一个系统的体系。

从 2017 年十九大提出乡村振兴战略开始到现在文献发表数量逐步增加，通过这些数据可以看出，对乡村振兴战略的研究呈现出趋热倾向。根据对中国知网的搜索，总结了期刊，对诸多期刊进行阅读分析，关于习近平乡村振兴战略研究的主要观点进行了归纳总结。

"三农"作为我国研究的热点问题之一，在国家实施乡村振兴战略提出前，我国学者主要围绕乡村建设、乡村发展或乡村经济振兴等方面来展开。第一次系统的提出乡村振兴战略是在 2017 年 10 月 18 日在中国共产党第十九次全国代表大会上。乡村振兴战略成为继可持续发展战略、科教兴国战略和人才强国战略、西部大开发战略等等又一大国家战略。

通过对相关文献的分析梳理，把乡村振兴战略研究的主要内容可归纳为以下几个方面：

1. 对乡村振兴内涵的阐释

自十九大提出乡村振兴战略以来，国内学者便相继对这一思想进行研究。韩长赋认为乡村振兴战略和之前的新农村建设是有一定联系的。但是相对新农村建设时期提出的总要求来看，十九大提出的乡村振兴战略更具完整性。它从农村的各个方面对乡村进行振兴，在以前的基础上更加注重生态振兴、教育振兴和科技振兴。同时也要兼顾经济文化和社会的振兴。朱泽从乡村振兴 20 字的总要求对内涵进行系统阐述。他认为这次提出的战略跟以往相比，有三个比较明显的特点，分别是要继承传统，推陈出新，理论创新要建立在最初的基础之上；将农业现代化和农村的现代化紧密联系起来，尽量做到同步发展；要注重乡村的可持续发展，最后促进农村的全面发展。在重庆社会科学院农村发展所研究员丁忠兵看来，乡村振兴战略是我们党对现阶段我国"三农"问题所处地位的判断，也对农村"五位一体"提出了更高层次的要求。在农民最在意的土地问题解决过程中，在延续之前的土地经营制度之外，又做出了一些改革和创新。巩前文从三大关系的分析中给出了乡村振兴的基本内涵。一是乡村发展与城市发展的关系、二是农村现代化与国家现代化的关系、三是乡村振兴与时代发展之间。叶兴庆通过对十九大提出的乡村振兴战略的总要求与十六届五中全会提出的新农村建设的总要求进行比较研究，提出乡村振兴的深刻内涵，从"生产发展"到"产业兴旺"；从"生活宽裕"到"生活富裕"；从"村容整洁"到"生态宜居"；从"管理民主"到"治理有效"；要以更高标准促进乡风文明。宋圭武认为，要高度重视农业的发展，建设农业现代化，打赢农民脱贫攻坚战，解决好影响农村脱贫发展的一系列问题，这是乡村振兴战略科学内涵在实践层面的要求。

2. 对乡村振兴发展路径的研究

刘合光认为，乡村振兴战略的关键点在于要有明确的目标，要脚踏实地，聚焦难点。此外，战略的发展可以从如下路径推进：深化改革—发展产业—科技引领—人才振兴。廖彩荣、陈美球更突出理论要与实践相结合。他们认为乡村发展战略的发展路径应与十九大提出的"以人民为中心"保持一致，做到发展依靠广大人民群众，引入高端人才，加快乡村振兴速度。中国农业科学院研究员钟钰也曾对乡村振兴战略的科学内涵和发展路径做出过论述，他指出要特别注意我国乡村发展的长效性和复杂性。生春鸿从加快构建实施乡村振兴战略政策体系、提升乡村文化自信、加强大数据的助力作用这三个角度来分析实现乡村振兴的路径。闫政东分析了实施乡村振兴的七大路径：中国特色的乡村振兴之路、城乡融合发展之路、质量兴农之路、乡村绿色发展之路、乡村文化兴盛之路、乡村善治之路、共同富裕之路、中国特色减贫之路。余永跃、雒丽从提升农民共享发展的主体性、政府要加强关于推动乡村共享发展的顶层设计、织牢织密农村社会保障网、加强人才队伍建设这四个方面着手推动实现乡村振兴。蒋永穆以十九大提出的矛盾转变为事实根据，提出了乡村振兴要把握"三农"问题和社会主要矛盾，来实现农民群众的所需要的物质财富和精神财富，从而推动乡村在各方面的发展，走出一条中国特有的农村振兴道路。

3.在实施乡村振兴建设的过程中关键问题研究

陈锡文、韩俊等人对我国当前农业和农村的发展问题做了战略分析，主要论述了新时期城乡发展的存在问题。姜长云认为战略问题的战术化、发展目标的理想化和浪漫化、发展方式的单一化和"一刀切"、乡村振兴重点的错乱化和"三农"的配角化以及振兴体制机制的格式化和政策支持的盆景化等问题，努力规避这些问题对于提升实施乡村振兴战略的效益、质量和可持续性，具有重要意义。钟钰认为乡村振兴要经历一个长期的发展；并且要遵守乡村的发展规律，根据本地区的特色进行发展，不能千篇一律；要根据乡村要素发展壮大乡村的经济；要正确认识到一部分乡村的消失是正常的现象。还有刘合光对实施乡村振兴战略的风险规避进行了分析。研究认为，一是避免"大跃进"，乡村振兴要循序渐进；二是避免无参与，乡村振兴要激活村民；三是避免太单一，乡村振兴要因地制宜；四是避免增加负担，乡村振兴要精进解压。

4.对乡村振兴战略实践研究

一些侧重于对国外乡村发展经验的总结，茹蕾，杨光《日本乡村振兴战略借鉴及政策建议》、龙晓柏，龚建文《英美乡村演变特征、政策及对我国乡村振兴的启示》分别从总结日本和英美乡村振兴的经验出发，寻求对我国乡村振兴战略的启示、借鉴价值。张军认为美国、德国、法国、韩国等对于乡村建设的经验可以为我国解决乡村发展问题提供一些解决思路。一些寻求经济发达地区在乡村振兴战略方面的经验总结，赵毅等以江苏苏南地区的快速城镇化乡村振兴道路为例，寻求对我国其他乡村地区的发展提供参考。赵淑芹以河北雄安新区为例探究供给策改革对助推河北雄安新区"宜居宜业宜游"美丽乡村实现。

5. 关于乡村振兴战略实施意义的研究

东北农业大学现代农业发展研究中心李孝忠通过分析我国乡村在历史进程中不断衰落的原因，强调要想补齐乡村振兴发展的短板，就必须坚定不移落实精准扶贫攻坚战略。摆脱贫困首先要进行扶贫，所以要切实打好精准扶贫基础。我们要在乡村振兴视野下完成贫困人口的全部脱贫。在进行精准扶贫、精准脱贫时要将乡村振兴作为工作的目标。清华大学教授王亚华和清华大学农村研究院苏毅清在中指出，结合我国现阶段国情，在十九大报告中提出乡村振兴战略是及时的，是我国对以往农村战略的继承和发扬。有助于实现农村的现代化，同时有利于农村农业农民向前迈进。姜德波等人在从农村的人口结构、产业发展、教育、文化和生态等出现的问题出发指出，在我国城市化的进程中乡村衰落的情况不容忽视。因此，我国要实现中华民族的伟大复兴就必须要振兴乡村。

现有文献关于乡村振兴战略在以上五个角度的研究有所进展，但是还有拓展空间，值得进一步分析，提高相关分析的系统性和创新性。乡村振兴战略提出的时间较短，学术界还没有进行深入彻底的研究，大多数学者还主要围绕某一方面进行研究，还没有形成完整的逻辑体系，国家也还在不断的补充和发展这一战略理论。有些学者在研究中着重对于理论精神的论述，忽视了理论与实践的结合。

三、乡村振兴战略研究述评

从研究热点演化的角度看，自 2017 年具体研究十九大报告正式提出实施乡村振兴战略以来，国内学者对乡村振兴的研究呈现为一个从宏观到微观的演进路径，即首先从较为宏观的角度分析何为乡村振兴战略、如何实施乡村振兴战略，并尝试从新的视角审视"三农"问题；继而在相关政策文件的引导下，重点研究乡村振兴战略推进过程中出现的热点、难点及深层次问题，并结合各地区社会实际情况和经济发展水平，从不同的学科视角出发展开研究共同促进乡村振兴战略的实施。从相关文献数量所呈现的增长趋势不难看出，学界愈来愈重视对乡村振兴相关政策、典型案例的整理和研究。

从研究队伍的构成上看，学者和政府官员是发文者的主要组成群体，其中政策研究机构是一支重要力量。从期刊文献总量的持续增长趋势和作者机构群体数量的日益增加可见乡村振兴研究队伍在不断壮大；以往的研究成果主要集中在经济学和社会学领域。在现有的文献资料中，关于政策解读和时政资讯的文献较多，主要集中于农业经济和乡村治理两个领域。相比之下，法律制度、基础设施、文化旅游等方面的研究成果不多。从研究方法上看，以案例分析、文献分析等定性研究方法为主，政策文件解读、路径模式探讨等方面的研究也在充分关注借鉴国外学术动态，并在部分领域尝试开展交叉学科的研究。因此在整体上，我国乡村振兴研究体系不断丰富，初步形成了基础理论、指导思想、政策解读、误区问题、具体举措、保障体系、制度创新、经验借鉴等八个针对乡村振兴实践现实状态的研究议题，有一定的理论意义与应用价值，并取得了显著成就，有助于解决现实中的"三农"问题。就各个学者对于乡村振兴战略问题的解读做了上述简单的归纳。

从归纳过程中不难看出学界对乡村振兴的研究主要以定性研究为主，定量研究相对不足。是对一定范围内的村镇进行考察，因此需要加大对于不同类型、不同发展程度的村镇进行指标性排序以表现乡村振兴实践水平和实施情况，这应为我们日后探索和研究的方向之一。其次，在研究对象的分布上，呈现为地域性的不平衡。目前总体数量不多的研究对象主要集中在江苏、广东、浙江等东南沿海发达地区，受经济水平和既有基础的影响，乡村振兴的实践首先发端于此。另外，乡村振兴战略的实施强调要与脱贫攻坚协调推进，因此贵州等西南贫困地区的研究成果颇具规模，针对广大北方地区的研究则相对较少研究成果地域分布的不平衡状态在一定程度上体现了乡村振兴战略实施水平的差异性。研究成果应用价值推广的地域局限性是否会进一步扩大乡村振兴战略实施格局的地域差距，这是我们今后需要多加关注的课题。再次，根据对研究内容和研究热点的分析，可以看到农业经济是关注度最高的聚类领域。国内学者秉承以往对"三农"问题的研究思路，从经济角度对乡村振兴展开大量研究，金融、贸易经济、经济体制改革、工业经济、企业经济、交通运输经济等相关领域议题密集激增成为当前乡村振兴研究的焦点所在。但相比较而言，乡村振兴战略实施过程中的难点、热点以及深层次问题并不只存在于经济领域，还应该包括乡村治理、乡风文明、生活保障、生态宜居、就业状况等诸多方面，这也是值得我们关注的。另外，尽管学者以经济学、管理学、社会学、建筑学等

学科为依托，基于不同视角展开了关于乡村振兴的研究，并已尝试
进行基础理论、指标体系、路径模式和发展机制等理论性问题的探
讨。但不容忽视的是，相对于先前"三农"问题的相关研究，新角度
和新观点相对较少，多数学者研究基于固有理论和框架进行补充拓
展，现有的理论框架比较拘泥，难以满足蓬勃发展的乡村振兴战略
实施的实践需要，当前乡村振兴的理论体系构建仍然面临诸多挑战。
综合判断，目前关于乡村振兴的研究还处于起步阶段，研究成果数
目庞杂，综合性和系统性成果缺乏，相关研究整体上呈现为碎片化、
零散化的状态。虽已有多元化的学科研究视角，但还局限于政策宣
讲类和文件解读类文献部分，在下落到基层去具体的实施仍然有很
长的一段路要走，同时各个地区由于地域和文化差异也需要根据具
体的情况制定具体的实施计划。对于各地实践探索的理论化概括不
足，关于理论问题的探讨深度有限，实证研究亦不多，现有成果难
以达到对实践的指导，应用研究与学理探讨未能实现有效衔接，其
理论研究及分析深度有待进一步加强。

　　在研究方法上，需要更加规范的实证研究，在开展定性研究的
同时 要积极采取定量研究方法，通过要素分析、指标分析、层次划
分等途径明确乡村振兴战略实施水平各项标准，进一步对全国各省市
乡村振兴战略的实施水平进行比较排序，以测度乡村振兴战略实施
水平。

　　在学科视角上，由于乡村振兴战略涉及的学科门类繁多、内容
涉及面广泛以及时效性、政策性等属性的需要，要求开展多学科的
交叉研究。因此搭建相关学科交叉研究平台，引导不同特性的研究
机构联合攻关、协同创新显得尤为必要。在研究内容上，要注意兼
顾政策导向和问题导向。坚持聚焦现实问题，进行扎实深入的研究，

力戒浮躁跟风、浅尝辄止的弊端。如前文所述，现有研究成果多集中于农业经济领域，未来研究应该进一步拓展研究内容，覆盖乡村振兴战略所涉及的"产业兴旺、生态宜居、乡风文明、治理有效、生活富裕"等诸多方面。展望未来，乡村振兴的研究在继续围绕现实问题的同时，应更重视理论层面的深入探讨和模式路径的综合构建。分析研究热点的演化，国内学者对乡村振兴的研究呈现为"宏观—具体"的演进趋势。随着当前阶段结合实际案例着眼于具体的分析不断深入，研究热点发生了转移，宏观视阈构建研究相对回落。但通过比对与城乡一体化等相近领域研究的阶段性特征，笔者认为乡村振兴战略下一阶段的发展趋势将是回归宏观层面，应当结合《乡村振兴战略规划（2018—2022 年)》"十四五规划"探索乡村振兴战略宏观格局和城乡融合发展的指标体系的构建。

第二章 中国小城镇发展的现实矛盾与 技术选择路径

纵观人类历史中城镇的发展经验，小城镇作为一种规模较小、但有一定复杂程度的聚落类型，其生长途径表现了"以'自下而上'为主、'自上而下'为辅"的特点。从一个城镇长期的生长进程来看，"自下而上"或"自上而下"总是作为一段时期的主导发展途径，在时代的变迁中交替出现。其中"自下而上"的途径往往出现于城镇出现初期，而"自上而下"的途径会为城镇带来更大的发展机遇和空间。我国小城镇在改革开放之后得到了持续长足的发展，伴随着新型城镇化及乡村振兴战略的实施，对小城镇的发展也提出了新的要求。小城镇发展中面临的现实矛盾，决定了小城镇发展技术体系的选择。

第一节　中国小城镇发展的技术选择研究的基本范畴

中国的新型城镇化包括两个方面，一方面是中国现有城市的不断城市化，另一方面就是乡村向城镇迈进的城镇化；无论哪个方面，最后要实现的都是"人"的城镇化，这是最终目标，因此，走持续、绿色、低碳的城镇化发展道路是必要的发展模式。中国的小城镇建设是实现新型城镇化，实施乡村振兴战略的一部分。

一、小城镇的内涵

在城市化的进程中，小城镇只占其中一个点，但小城镇依然十分重要。联合国人口司提出全球人口增长的 46% 出现在小城镇。在欧洲，总人口的 38% 居住在中小城镇；而在美国大概有 54% 的人口生活在 1 万至 25 万不等的城市。小城镇可以通过多种因素来界定，可以是人口，也可以是地理、经济因素。欧盟定义小城镇为那些人口规模在 1 万到 5 万之间的城市。有学者认为小城镇可以被宽泛地定义成人口少于 10 万的城市，也有学者提出，人口规模在 2500 至 2.5 万的城市属于小城镇。加拿大司法统计中心，2006 年将小城镇与农村地区区分开来，并把它们定义为"人口数量最少为 1000，人口密度至少每平方千米 400 人的城市区域"。

除了人口因素之外，还有其他无法量化的因素来定义小城镇。地域色彩就是因素之一，也是通常被提及的物理标记。地域作为一种标志，是居住在那里的人们的一种身份上的认同。

在我国，小城镇在各学科的定义有不同的侧重点。从行政管理学的角度看，在经济统计、财政税收、户籍管理等诸多方面，建制镇与非建制镇都有明显区别。小城镇通常只包括建制镇这个范畴。根据 1984 年国务院批转民政部《关于调整建制镇标准的报告》，中国建制镇最低要求是 2000 人。中国学术界一般认为，建制镇的标准为：聚居常住人口在 2500 人以上，其中非农业人口不低于 70%。地理学将小城镇作为一个区域城镇体系的基础层次，或将小城镇作为乡村聚落中最高级别的聚落类型，认为中小城镇包括建制镇和自然村。经济学中，小城镇是乡村经济与城市经济相互渗透的交汇点，是具有独特经济特征、并与生产力水平相适应的经济集合体。社会学中，小城镇作为一种社会实体，是由非农业人口为主组成的社区。费孝通把"小城镇"定义为："一种比乡村社区更高一层次的社会实体。这种社会实体是由一批并不从事农业生产劳动的人口为主体组成的社区，无论从地域、人口、经济、环境等因素，它们既有与农村相异的特点，又都与周围乡村保留着不可缺少的联系。"小城镇是从乡村型社区向许多产业并存的现代化城市转变中的过渡型社区。它基本脱离了乡村社区的性质，但还没有完成城市化过程。根据我国对城乡的划分标准，我国城乡居民体系可以划分为：城市（大、中、小城市）—县城镇—县属镇（非县城的建制镇）—集镇—村落（包括行政村和自然村）。广义的来说，小城镇应包括小城市（设市建制的县城镇，即县级市）、县城镇、县属镇、集镇四类。

二、技术和技术体系

对于技术是什么，本身就是一个中外学者都很难统一观点的概念。从经济学家转身为技术哲学家的布莱恩·阿瑟，与传统技术哲学家米切姆将技术分为四种类型的观点不尽相同，他把技术看作是实现人类目的的手段。他认为，作为一种实现人类目的的手段，技术可以是方法，也可能是流程，还可能就是某种装置。技术可以是某种知识，也可能是某种实体，与实体相比较知识似乎表现得更"软"一些，但就技术本身要完成某种功能的角度而言，两个方面都不可或缺。我国技术哲学的创始人之一陈昌曙认为"技术是什么"这个问题不好回答，可是并非不能把握，对于搞理论研究与实践都是个绕不开的问题。他将技术概括为三点特征：第一，技术是物质、能量、信息的人工化转换；第二，技术是人们为了满足自己的需要而进行的加工制作活动；第三，技术是实体性因素（工具、机器、设备等）、智能性因素（知识、经验、技能等）和协调性因素（工艺、流程等）组成的体系。反人本主义的技术哲学家米歇尔·福柯，认为"technology"这一词被赋予了非常狭窄的含义，一说到技术，人们想到的是硬技术，但是治理也是技术，即权力、知识、话语、真理等等皆可被看成是"技术"。福柯提出了"硬技术"及与之对应的"治理术"，后人将治理术界定为"软技术"。而"软技术"的概念在20世纪90年代被提出，真正加以重视开展讨论还是在21世纪，人类为了应对技术的变革发起了对其的研究，但其至今仍被认为是发展不全面地概念。金周英把"硬技术"称之为传统意义上的技术，它来自自然科学知识的操作性体系，而"软技术"来自非自然科学知识和非传统观念的科学知识。硬技术关注的是物，软技术关注的是人，以人的情感和思想为主线；硬技术与软技术共同解决新环境下的新问题，软技术的创新也是相关制度创新的依据。

技术体系指社会中各种技术之间相互作用、相互联系、按一定目的、一定结构方式组成的技术整体。技术体系是科技生产力的一种具体形式。如炼钢技术同与其联系的炼铁技术、选矿技术、采矿技术及冶金机械设备制造等技术组成的技术整体。

三、技术选择

技术的存在和产生从根本上说是为了满足人类的需求，一切现实类技术在发展、应用的过程中，人类对其的选择性使用都是基于其自身的可选择性。技术选择作为技术进步进程中的一个关键因素，是技术能力发展的必要条件，在技术创新和技术变迁过程中起着重要的作用。它决定着一国或地区产业结构与技术结构的技术基础，直接影响到经济增长的绩效。

对于技术的选择，技术的直接使用者——企业，在实现自己的技术定位时必须将自己的战略发展目标与技术选择相结合，实现的是本企业的技术优先升级。因此有学者就把技术选择界定在企业开展技术活动时从自身的战略和技术基础出发确定企业的新技术来源、研发服务的重点业务或产品和重点研发的技术领域等技术战略问题的决策过程。因技术的作用不仅体现在近期效果，还为企业的战略提供保证，所以把技术选择看作是一种决策，并且是一种多层次决策问题，技术选择往往要在战略层和战术层上进行分析和决策。技术选择不仅对企业发展非常重要，对于国家和人民的社会生活也影响广泛，因此如何选择技术是一个重要的问题。人类的理性在技术选择中起着至关重要的作用，理性又可分为工具理性和价值理性，其中工具理性是技术选择和发展的内在动力，价值理性规范和引导技术选择的方向，对技术选择行为进行反思，协调好两者之间的关系是实现合理技术选择的基本条件。

对于技术选择有两大研究角度，从比较狭窄的视角来看，以企业及个体技术为研究对象进行技术的选择，以实现技术进步及企业的经济效益及发展为目标；另一个研究视角是比较宽泛的，是从技术选择与人类社会之间的关系、影响进行研究。本书就是从后一研究视角，认为技术选择受多种因素制约，在制定技术选择方案时，应当从国家和社会的整体利益出发，受到社会、环境和经济三重目标的影响，需要解决这三个方面的主要矛盾。

第二节 国内外小城镇发展技术选择的相关研究

一、国内相关研究概述

1. 对于城镇化与技术相关的问题研究

将城镇化与技术两个词作为篇名同时进行搜索时，可以查到的文章只有 100 多篇，而在这些文章中。大致可以分为三类，一类是城镇化背景下的技术进步问题研究，这一类多是从经济学角度进行研究；一类是对城镇化进程中某一方面的具体技术进行研究；还有一类是结合某一地区的具体实践对城镇化背景下的技术集成的应用与发展的研究。

（1）对于城镇化与技术进步的相关问题研究

有学者从技术进步与城镇化及产业结构之间的关系角度进行研究，而这类研究中大多数都是从经济学层面展开的。胡春林以历年《江西统计年鉴》的数据为研究基础，对江西省城镇化进程中的技术进步与产业结构变迁进行了实证研究。他采用 Solow 余值法估算模型对技术进步加以研究测算，又对得出的数列做了格兰杰因果检验，发现技术进步是产业结构变迁的重要推力，也是这种以工业化为内容的变迁推动了城镇化的发展。马侃应用经济学的产业结构优化理论和内生技术进步理论，分析技术进步对我国新型城镇化的影响。

构建了"动力""质量""公平"三个维度，针对具体地区的实践采集数据，运用向量误差修正模型对山西省新型城镇化过程中的问题进行分析，并提出了提升新型城镇化的质量需要从产业结构、技术进步、城镇化发展三个方面共同考虑。叶晓东，杜金岷与马侃不同的是以技术进步为视角，对新型城镇化与经济增长之间的关系进行研究。他们的研究限定在新古典经济学分析框架内，对中国的经济增长现状进行分析，以索洛模型为基础，对技术进步提高经济增长率进行验证；提出我国城镇化形成的二元结构会对区域创新能力产生极大影响，这也是城镇化无法可持续发展的症结所在。胡雪萍，李丹青用实证的研究方法对技术进步与新型城镇化及城镇化过程中的就业问题进行了研究。他们利用省级面板数据，对 2008—2013 我国城镇化发展过程中，技术进步对就业的影响程度进行了研究。发现新型城镇化对就业的影响是正向的，还要通过自主创新和技术引进来促进就业结构优化。朱万里和郑周胜对我国城镇化的水平与技术进步及碳排放之间的关系进行了实证研究。他们以甘肃省的相关数据为研究基础，提出倒"U"形的环境库兹涅茨曲线假说，但验证的结果是推翻了此假说，并认为技术水平与碳排放量之间为负相关。赵永平和徐盈之也是用实证的研究方法对我国新型城镇化与技术进步及产业结构之间的关系进行了研究。他们采用的是 2000—2012 年的全国 30 个省份的面板数据，将全国样本分成东部、中部和西部进行考察。选取新型城镇化的综合指标，构建评价体系，突出新型城镇化"以人为本"的理念，从空间层面对产业结构、技术进步与新型城镇化之间的关系进行研究。

　　也有学者专门将农业技术进步与城镇化相联系对相关问题进行研究。有学者将农业技术进步、新型城镇化与农村剩余劳动力的转移联系在一起进行研究。采用动态面板系统 GMM 对三者之间的关系进行实证研究，得出农业技术进步形成的"推力"和新型城镇化形成的"拉力"对于促进农村剩余劳动力向城镇非农产业转移有显著作用的结论。罗小锋与袁青运用物理学中的耦合协调度模型，对两者的耦合协调度的时空差异进行分析。深入探讨新型城镇化与农业技术进步的互动关系并进行实证分析。他们通过研究发现我国各地区新型城镇化和农业技术进步的耦合性存在一定的区域差异，农业技术进步是现代农业发展的重要支撑，两者间的高度协调发展是统筹城乡发展的必然要求。而彭竞和许二歌着重考察的是城镇化对农业技术进步产生的效应并计量测算影响程度的大小。他们运用理论分析与经验研究相结合的方法，将 1992—2012 年间中国时序数据加以分析，城镇化通过明确的非农业转移，获得了农业技术进步效应；因此城镇化对农业技术进步的促进作用决定了城镇化持续发展要求，并且农业现代化也会在城镇化的进程中得到发展。

（2）对城镇化进程中某一方面的具体技术进行研究

在这一类别中，以城镇化为大背景对其进程中的某一项具体技术发展、应用、作用及与城镇化的关系进行研究，研究的范围比较广泛，建筑、地理、农业、经济、信息等学科都有涉猎，其中以建筑类的技术研究更丰富一些。

中国建筑西南设计院一课题组从新型城镇化建设中的问题为出发点，综合考虑在新型城镇化的过程中的建筑技术。他们首先明确设计理念，进而遵循这一科学、先进的理念进行技术的选择。认为生态、人性的规划设计，低碳、生态的节能技术，安全、环保的建造技术，形成建筑技术对新型城镇化的支撑，对实现可持续的城镇化是必要的、重要的。葛赢等以江苏省新型城镇化的发展为研究对象，对江苏省的城镇乡村的景观规划与建设的技术问题进行研究，探索乡村景观规划的影响因子，如刘宅村的景观规划，规划其旅游村庄的定位，明确总体设想，探索乡村的可持续发展。常春勤和乔旭宁则是把快速城镇化作为研究背景，基于用地节约的基本理念，在此过程中乡村空间布局应该如何进行调整。认为村镇的发展需要考虑与耕地保护及城市化发展进程之间的矛盾，乡村空间布局调整应实现弹性分步。以此目标建设的技术体系，为迁村并点提供定量的科学依据。

也有建筑领域的学者从生态学角度利用空间信息技术，对城镇化发展中的生态风险进行评估。石铁矛和李绥以南充市的数据为研究样本，应用空间信息技术，在遥感影像解译的基础上，提取空间信息、量化生态指标，预测出南充市城镇化进程的生态风险，从而提醒人们在享受城镇化带来的发展成果的同时，也要注意生态平衡问题带来的生态危机，在城市发展与生态之间应找寻一个平衡点。从信息技术的角度对城镇化进行研究的学者，有的是从信息产业对农业生产的影响进行研究的，如苏亚晓和丁玲认为信息技术是推进城镇化快速发展的主要动力之一，可以利用信息技术提高农村基础设施建设，通过强化人们对信息技术的思想认识，推动信息技术人才队伍建设，进而改变城镇的信息技术力量，促进高新技术产业发展，推动城镇化的进行。也有的学者是从智能化技术的应用进行研究的，如冯向荣将移动互联网的飞速发展设定为大背景，提出新型城镇化的发展需要智能网络技术。在以人为本的新型城镇化发展中，智能网络技术在智能家居方面将会大大提高自动化程度，而云技术使得城镇化进程中可以用较小的成本实现大量服务的需求，提升基础设施的建设。

也有学者以从具体的规划技术对土地城镇化进行研究。如程雪峰以土地城镇化空间分类为研究基础，确定"多规"空间对接分类体系，构建技术方法体系。我国传统城镇化中土地城镇化发展明显快于人口、经济、社会的城镇化，使得城镇化的"质"受到了影响。如何科学合理的实现土地城镇化从量到质的提升，他以沈阳市的沈抚新城为研究对象，进行试验，对实验区"多规"冲突诊断的不同结果进行讨论得出研究的结果。

（3）结合具体实践对城镇化背景下的技术集成的应用与发展进行研究

从2004年起有学者专门针对广东省城镇化技术集成问题进行研究，到2009年对于此问题的研究达到一个小高峰，并且这一系列的文章都发表在《广东科技》这一杂志上。实质上这一问题的提出早在2001年就出现了，是广东省科技厅的工作设想。那么广东省城镇化技术集成到底集成什么？广东省生产力促进中心的李桂松博士认为是城镇发展定位技术、城镇规划设计技术、工程建设技术、环保生态技术、信息化技术、产业运行技术等一系列基础技术的应用大集成。广东省的城镇化技术集成工作选择了一批试点地区，兼顾了不发达、次发达和发达地区。广东省的"城镇化技术集成"这个概念突显的是技术领域与人文领域的融合，是宏观管理与微观技术的融合，是示范镇的个性问题与社会公共资源的共性问题的融合。不同地区示点镇的发展情况因为社会状况的不同，城镇化使命也各不相同。分为珠三角、粤北、东西两翼三部分，其中石龙镇是以信息化来实现质的城镇化，以电子信息产业为主导的现代的技术集成是石龙镇信息化的根本要求；而狮山镇从实力雄厚的农业小镇利用南海软件科技园的优势成功迈入高科技产业基地；三角镇则是以科学规划为基础，环境建设为硬件，社会建设为软件的全面的、优质的城镇化；共和镇作为一个农业大镇是以改善交通等基础设施入手，优先挑选落户的企业来形成主导产业；源潭镇是工业化基础较好、自然资源丰富的一个镇，地理优势及资源丰富使得源潭聚集得产业技术丰富。广东省的城镇化技术集成试点工作开展了四五年之后，在 2009 年的《广东科技》这一杂志上发表了一系列相关情况的探讨和总结。杂志社和广东省科技厅针对过去几年中的城镇化技术集成应用试点发展状况进行了总结，全省 40 多个试点镇，根据自身的特点和特有情况，技术集成应用和推广情况各不相同。城镇化技术集成应用涵盖了信息化技术、城镇建设、产业技术、管理技术和社会公共服务技术等的集成，每一个镇的城镇化进程都向质的提升迈进一步。其中这些试点镇在这项工作中或者说活动进程中取得的成就虽有差异，但都有长足的进步和发展。例如佛山市的南海区狮山镇，这是一个经济基础雄厚的年轻小镇。在探索城镇化技术系统集成应用的路上，依靠技术创新，将规划技术、信息管理技术、高新产业技术、环保能源技术等多个领域的技术形成了一个系统，并取得了显著的成果。而顺天镇在规划中把自己定位为生态环保型小镇，他们的城镇化技术集成试点工作的开展与新农村示范点建设紧密结合在了一起。吸引大量投资与项目开展太阳能和"深藏式"沼气池等新能源专利技术的应用，以现代化的生产模式推进新农村的建设。新能源项目的推广，始终突出绿色环保的特色，并且使得群众在短时间内就享受到应用的效果，调动人民群众参与的积极性，改变了过去技术推广只由科技部门负责的做法。广东省城镇化技术集成试点工作的开展，目的是探索出一条具有广东特色的城镇化之路。在几年的试点工作开展的过程中，除了前面概括的各试点工作的特色总结之外，也有学者从这个过程中存在的问题入手进行研究。郑玉亭认为城镇化的发展离不开城镇建设技术、产业技术、管理技术、社会公共服务技术，而在试点工作中，不同的城镇的关键技术发展不同，但都要以技术创新为基础实现技术集成。

2. 对于技术选择的相关研究

对于技术选择相关问题的研究，学术界既有以单纯的理论研究为主，为技术选择的理论、技术选择的原则、技术选择的发展奠定基础；又有以实践研究为基础，以解决企业、国家技术选择问题为目标。研究的角度以经济学、管理学为重，也有学者从科学技术与社会的角度切入；经济学、管理学的研究角度更重定量与定性分析相结合，科学技术与社会的研究角度更具系统性和深入性。对于技术进行选择基于不同行业、企业、产业的特征，满足主体追求经济效益的需求，但同时要兼顾对社会、经济、环境多个角度的影响；只不过不同主体技术选择过程中的原则和目标侧重点不同。同时不同的行业对解决主要矛盾的技术的选择也有相关的研究，涉及的行业及范围非常广，从计算机、电力、电子、机械、石化、交通到医学、农业、数字化、煤炭生产等等，每一行业都有自己的重点技术领域，对于重点技术领域的选择研究也多是从专业技术角度进行的。技术的选择是基于技术本质、使用行业的不同而变化。

（1）从企业角度研究具体技术的选择

从企业或产业角度对技术选择进行研究，多是针对具体行业的具体技术，最根本目标是企业或产业的经济利益的最大化，并且要考虑选择技术的使用可行性，以定量研究为主，定性研究为辅。

如在汽车空调行业，HCF-134a技术被广泛使用，但既造成了巨大的温室气体排放，也不符合国际先进标准，因此要进行替代技术的选择，淘汰不适宜、不先进的技术；在对新的技术进行选择时需要考虑各种技术的优势和劣势，并且需要综合考虑它们的经济成本、市场化可行性以及安全风险和环保标准，制定原技术的淘汰政策，同时积极推进替代技术的研究和应用。企业进行技术选择时，除了固有的技术选择原则外，也会受到很多因素的影响。陈雯和苗双有就针对中间品贸易自由化对企业技术选择的影响机理进行了研究，他们基于中国制造企业的具体数据考察了中间品贸易自由化对中国制造业企业技术选择的影响，发现中间品贸易自由化对技术密集型出口企业技术升级的促进作用最强，对劳动密集型出口企业技术选择的影响最弱。也有学者从消费者的视角进行研究，考察碳税对企业技术选择的影响。通过构建异质性消费者效用函数下的制造商需求函数，得到不同碳税区间制造商的最优生产决策和技术选择，同时在考虑环境成本系数对最优社会福利影响的基础上，探讨了政府碳税政策的制定。这种研究方法就是典型的定量研究，以一定的具体目标为方向，满足政策需求的同时，对企业的技术进行选择。

（2）从技术对社会、经济、环境的作用及影响研究技术的选择

技术的存在、使用和发展都离不开人类社会，因此也有学者从技术与社会之间的关系角度切入，侧重技术选择的社会角度。与前一类研究侧重技术选择的经济角度不同的是，这个角度的研究兼顾技术对社会、经济、环境的影响。

技术发展与选择问题是一个为世界各国普遍关注的问题，有学者把技术的塑造最终形成看作是社会选择的结果，认为技术的发生、发展和演变都是在一定条件下进行的，社会选择是技术形成和演变过程中的重要一环，起着极为重要的作用。它可以满足人们不同的需要，可以形成技术的优胜劣汰机制，优化资源配置；同时，社会

选择也反映社会不同群体、不同阶层的利益和愿望，社会选择的过程，也是不同利益集团之间博弈的过程。

那么技术与社会之间到底存在着怎样的关系？有学者把两者之间的关系认定是双向的，认为技术的引进或创新与各种社会因素相关；在技术使用的整个过程中对技术的选择贯穿始终，社会选择决定了技术的命运，这些选择表现为市场选择、政府选择、文化选择等。社会对技术的选择从某种意义上也是技术对社会的选择，是一种双向性的相互认同活动。

从技术与社会角度对技术选择进行研究，即使是针对具体技术的选择，也与经济学、管理学的切入不同。如对我国核电技术的选择，借助技术的社会选择理论，从分析哪些社会因素影响我国核电发展入手，分析各种影响因素是如何相互作用共同塑造了核电技术的发展，指出核电技术的社会选择与一般的技术选择相比其特殊性在于军事影响性、高风险性、公众的高度关注性和参与性。

从技术与社会之间关系入手对技术选择进行研究，往往会兼顾不同选择主体的需求，如前文的核电技术的选择，政府注重的是建设规划，公众关注的是安全问题，企业重视的是经济利益，技术的选择必须处理好国家和企业、企业之间、国家目标与企业利益和公众诉求等诸多方面的关系。

（3）不同专业领域的重点技术领域研究

不同的专业领域有不同的重点技术领域，都是为了解决本专业不同阶段出现的核心问题、关键问题。

大数据计算除了批量计算形态外，还有流式计算形态；如何构建低延迟、高吞吐却持续可靠的这样一种计算系统是当前迫切需要解决的，孙大为等人就给出了理想的大数据流式计算系统在系统结构、数据传输、应用接口、高可用技术等方面应该具有的关键技术特征。人类在生存和发展的过程中，抛开环保意识因素，生产生活总是在向大自然不断排放着污染物质，解决污染物质对生态环境的影响及对人类健康的威胁，亟需研发高效低耗手段进行污染的治理。高压放电技术就是这样一种可以治理大气污染的手段和方法。那么这种技术手段中的关键环节是什么呢？有学者从技术原理、发生电源、装置结构、研究现状和发展问题进行了研究，认为随着高压放电脱硫脱硝处理风量的不断增加，应研发脉冲电源和交直流叠加(AC/DC) 电源以提高反应器能量密度和脱除能力。与人类生产生活造成的环境污染相比较而言，人类居住、生活和工作的场所的内部环境及空气质量给人的影响会更直观，因此人们都很重视室内空气污染问题，室内空气需要净化。那么室内空气净化的关键技术是什么呢？孙丽等通过模拟实验来考察高压静电场净化微生物的净化效率和光催化一活性炭吸附净化甲醛的规律，进而应用于室内空气的净化，消毒和消除气态污染物。人类的生存和发展无论是日常生活还是工业生产都离不开能源作为动力，而电是应用最广泛的一种形式。那么负责输送电的电缆，对其的要求也越来越广泛。有学者就对未来电缆的发展方向进行探讨，认为直流电缆在输电中的应用将越来越受到重视，但也面临由于空间电荷和非线性温度特性引起的绝缘的可靠性和新型材料的开发问题。并提出在未来电网中，由架空线路、电力电缆线路和气体绝缘管道三种送电方式构成的混合输电线路模式，将会解决很多实际困难和问题。

　　不同行业的重点技术领域的选择基于行业特色及具体的需求，但为了实现人民生活提高、经济发展、生态环境保护这是总体目标，重点技术领域的选择是行业发展所必需的。随着人类对环境保护的重视，在焦化行业中研发、普及节能减排成为行业的必要选择。有学者就通过分析捣固炼焦技术的配煤方案及配合煤性质，建议选择捣固炼焦技术、煤预热炼焦技术和共炭化技术为关键技术，来实现焦化行业的节能减排。

（4）重点技术领域的国家选择研究

重点技术领域的选择涉及未来发展方向，以及国家发展大局。

有关未来发展方向的技术选择以生态技术的选择最为典型。生态环境对人类生存和发展的重要性已经上升到战略高度，我国十八大后提出的五大发展理念中的绿色发展理念就能代表生态环境绿色发展的重要程度。有学者就是从技术预见的角度对生态环境领域的技术选择进行研究，并提出策略。朱学彦在充分考虑国际发展趋势，并基于国内城市化需求及矛盾的基础上，针对上海市环境需要治理、修复的具体问题提出应聚焦于水污染防治与利用、污染土壤修复、大气污染防治、生物多样性保护与生态系统修复、突发重大环境事件预警与应对等五大主题。

有关国家发展大局的技术选择最为典型的是国防科技的技术选择。军事国防力量的发展事关一个国家的硬实力问题，国防科技发展的技术选择又是国防科技发展的关键，因此对国防重点技术领域的研究关系到国防安全的大局。定性分析的研究方法，受主观影响比较大，有学者就尝试基于技术调查确定国防科技发展的技术选择的思路。刘书雷等基于对国防发展现状、社会政治经济需求、未来技术发展趋势等方面的调查研究，提出基于技术预见调查的国防科技发展的技术选择可以分为工作准备、确定备选国防关键技术清单、开展国防关键技术调查、实施国防关键技术选择四个步骤。

对于国防科技发展的技术选择与调查中一些必要的前提和准备，

有学者就将技术清单的遴选与确认看作是对国防关键技术选择具有重要的作用。赵海洋等就通过研究国防关键技术层次的设置、国防关键技术领域的设置，来提出备选国防关键技术清单的确定方法。

小结：对于城镇化的技术研究较多，但对于城镇化的技术选择研究几乎没有。从现有的文献中可以发现，很多文献讨论了对于城镇化与技术进步的相关问题研究，这对于本研究有借鉴意义。有些文献对城镇化进程中某一方面的具体技术进行研究，也为本研究的讨论提供了一些基础信息。也有的研究涉及城镇化背景下的技术集成的应用，但是有关城镇化技术选择的文献还没发现。

二、国处相关研究概述

从世界范围来看，欧洲的城镇化之路走得更早更快一些，至今大约有 90% 的欧洲人居住在城市，并且其中大部分人居住在中小城市或小城镇。高城镇化率使得发达国家的城镇化之路与我们不尽相同。对于今天的欧洲，更重要的是关于城市的可持续发展的讨论及思考。城市的发展理念与当今资源消耗过度、环境压力增强、城市人的生活质量之间的问题同样是欧洲城镇化要关注和解决的头等问题。而发展中国家也都在城镇化的进程中，结合本国的实际状况，利用工业化或农业现代化来实现城镇化。

1. 关于城镇化发展的综合研究

对世界各国各地的城市化的历史研究也可为我们的新型城镇化之路提供一些借鉴与经验。

（1）发达国家城镇化研究

城市化问题研究。Kazuhiro Yuki 对世界大战之后的城市化这一普遍现象进行研究，但是根据不同国家的本质属性而有所不同。一些国家已经经历了与城市化伴随而来的技能的提升、工业化和城市正式的（现代的）产业的膨胀，但与此同时的是，其他国家的城市化没有这种现代化并经历城市非正式的（传统的）产业的膨胀。作者根据一个动态的城市化和发展模型来分析、处理这种不同自然地出现的根本原因。Mimet 等的研究发现，在巴黎附近的 ZNIEFFs（动物和植物生态价值的自然区域）内部拥有更少的城市化，但这也取决于多样化的环境。惊人的是，更为紧密的城市化地区拥有更好的保护。如果农田区域减少，那么这种作用也会随之增加。相反的是，如果农业用地仍然占据主要地位和城市化速度减缓，ZNIEFFs 倾向于比区域之外的领域更城市化。这显示了剩余的自然区域的价值相对地改变，或许作为农业用地价值的一个函数。Yasusada Murata 的研究展示了一个农村—城市相互依赖的工业化模型，它展示了低成本份额的农业生产的工业输入和加工商品的一个低的支出份额，同有限多样的工业投入一样，可能陷入一个低发展的陷阱。通过摆脱经济朝向更为迂回的农业生产方法的陷阱、对人工制品的大量消耗和城市化。并指出从低发展陷阱向工业化的转换与日本的历史轨迹相一致。Paul Courtney 等运用亚区域社会统计模型来研究农村—城镇结合处。使用来自四个英国城镇的受空间限制的经济数据来衡量城镇和农村的经济整合力量和评估城镇—农村外溢效应的大小。

城市化与农业化同步发展。丹麦城镇化的实现又有其特殊性，其不仅在工业技术和设计领域非常发达，农业（含畜牧业）也非常发达。丹麦仅有约 20 万人从事农业生产和相关服务，却可提供满足1500 万人需求的农产品总量，其农业之高效由此可见一斑。丹麦的农业现代化是与城镇化同步进行的，互相促进的，并建立在高科技基础上。为了降低由于经济重心转移和人力资源缺失对农业造成的不利影响，美国加强了对农地的保护，并从制度、经济和技术上形成了扶持农业发展的政策体系。处于农业地带的小城镇也把吸引和促进农副产品加工业和储运业的发展作为重点，有效促进了城乡一体化。荷兰人不仅善于种东西，更精于卖东西。产、销与加工之间相互独立，却又密不可分，构成一条井然有序的农业生产链。这些西方发达国家的农业现代化经验为我国的农业现代化或是特色产业化之路提供了很多先行的经验和启示，并为农业现代化与城镇化的同步发展奠定了一定的基础。

（2）发展中国家的城镇化研究

对于发展中国家城市化与工业化的关系，Perry Sadorsky 运用了最新发展的异质面板回归技术，用平均的团体估计量和普通的关联结果估计量，来模拟 76 个发展中国家的收入、城市化和工业化的能源强度结果。从长期来看，每百分之一的收入增加会减少能源强度到 –0.45% 至 –0.35% 之间。长期的工业化弹性区间为 0.07 至 0.12。城市化对能源强度的影响是多样的。在规格上，城市化的估算系数方面的统计是有意义的。并讨论了这些结果对能源政策的影响。Markus Brückner 通过分析农业产业规模和人均国内生产总值的增长对城市化速度的影响，对 41 个非洲国家在 1960—2007 期间进行研究的三个主要发现是：第一，减少额外的农业附加值份额导致了城市化速度的巨大增长；第二，有条件的改变额外农业附加值，人均国内生产总值的增长没有对城市化速度产生重大的影响；第三，城市化速度的增长对人均国内生产总值的增长有重要的负面的平均作用。Anne Fikri Zul Fahmi 等探讨在印度尼西亚的小城市促进城市发展的因素。与印度尼西亚的地方分权政策密不可分，文章显示经济调整是如何影响城市变化的，这鼓励了人们居住在核心区域附近，表现了核心地区和新出现的城市区域的一种新的联系，这些有利于识别小城市中心的特点。Scarlett Epstein 研究了向大城市移民的可能性和成本影响，通过提高在农村地区的收入来促进城市化，使农村地区的经济和基础设施更吸引人。当地的资源对此起着决定性作用。强调农业生产的增加、以农业为基础的产业的建立和对乡村和城镇建立合作发展的鼓励政策的追求。这种合作关系使农村和城镇人口均受益，并可以阻止非洲和亚洲在 2025 年之前城市化人口翻一倍的可怕的预测。Onyebueke U. Victor 对尼日利亚的东南地区的多种维度存在的农村—城市共生现象进行了探讨，减少严重的农村—城市发展不平衡的补偿机制。以引起城市规划者的注意，来发展农村—城市结合处和形成新的规划授权。有关发展中国家城镇化的道路选择，Anit Mukherjee 等认为农村中非农产业的发展会促进城镇化的进程。在这方面中国的经验值得其他发展中国家学习。中国具有活力的非农产业已经成为国家引人注目发展的一个主要贡献者，然而非农产业在印度产出和就业方面的发展是相当不景气的。作者认为农村非农发展的模式是两个国家制度差别的结果，尤其是两国的政治系统、所有权结构和信用体系。中国和印度的农村非农产业经济的优势和劣势的回顾突出了非农产业发展的潜力和挑战。Godfrey Bahiigwa 等人对乌干达政府减少农村贫困的政策——即农业现代化计划进行检查。设想通过提高农业生产来提高农村贫困地区的收入。然而把地方分权作为减少贫困的一种机制在乌干达现有的政治情境下被错置了。提出了减少农村贫困的更好的选择机制。

2. 对城市及乡镇可持续发展的研究

西方城镇化的快速发展，使得城市与乡村的各方面基本不存在明显差别，没有我国的城乡二元化的困惑，因此学者们和政府的注意力更多的是放在现有城市和乡镇的发展上来，怎么实现持续的发展、绿色的发展是他们的关注对象。

著名的城市规划领域思想者和实践者——美国建筑师亨利·丘吉尔早在 20 世纪 50 年代就提出了"城市属于它的人民"的观点。这位建筑师的思想更具有哲学思维，他提出一个对于城市规划来说非常根本的问题，城市规划的方法和程序到底怎样才能使得城市规划保持正确性。从对城市规划的发展历史和当今的发展状况来进行研究，发现城市在发展的过程中如果要重新进行改造，面对和需要解决的问题会更复杂，设施问题、经济问题和社会问题是三大类主要问题，三者之间又相互关联着。

也有学者认为人性化的美好未来，城市设计是创新核心。对于城市设计需要利用许多不同学科的技术来共同营造，城市设计需要整合大量的相关学科，如建筑、景观、土木、规划等等。城市的可持续发展需要可持续设计，可持设计需要城乡规划技术满足尊重当地景观，防止河流断流、水土流失、洪水泛滥及污染的需求；需要节能、节水技术，利用现有资源，如雨水、太阳能、风力及其他替代能源，减少对石油和其他资源的依赖；长期的、可持续的发展是城市发展的目标。也有学者认为现在城市的发展处于一种失序的状态，需要秩序的回归，整个北半球都在专注于可持续发展的物质和环境方面。但社会标准却认为城市作为生态的定时炸弹，造成了生态问题，在现状的发展模式下，南、北半球城市都是不可持续的。那怎么解决这个问题呢，通过"生态现代化"有实现的可能。而生态现代化需要如下四个方面加以实现，第一是在生态和消费过程中引进生态标准和循环利用；第二生态现代化是实现可持续目标的有效和灵活方式，经济增长是先决条件；第三是生态现代化必须发挥扶持的作用；最后每个人都应作为利益相关者参与到经济和市场中来。

生态城市被作为一种全新的、可替代当前发展趋势的可持续城市解决方案被越来越多的关注和实践。生态城市是要建设一个强调交通体系与环境协调的可持续城市居住格局。作为一个生态城市有许多特征并且各有关联之处，其中"短距离"这一特征是生态城市的核心特征之一，要人人可达、紧凑可达、交通与环境协调；还有一个是"合理密度"，减少土地消耗，保持有效能源供给，城市密度受到市民对空间和日照要求的限制。

也有学者对城市的发展持有自己独特的看法，如执业建筑师朱迪丝·德·容。她长期居住在休斯敦，她认为美国的城市和郊区变得越来越相似，并把这个过程称为"扁平化"。朱迪丝寻求用一种新的方式来为当代的大都会重新构建框架，希望这种方式在现今的环境中能够带来更多创新性的思考、更加实际的参与和更好的设计。

西方的城镇化发展，大城市、小城镇、大都市都成为其发展的主要模式，因此对于中小城镇的可持续发展学者们也非常重视。阿维·弗里德曼是从城市规划的角度对中小城镇的可持续发展、绿色发展进行研究。他认为小城镇应该满足绿色城市发展的目标，土地管理、能源管理、水资源管理、交通网络、社区规划、中心区域管理等都是要关注的指标。

也有学者针对某一国家或地区的城市发展状况进行研究，如瑞典的一些学者和建筑师们就针对瑞典城市规划的不断变化的发展状况进行了分析研究。他们认为当今城市的发展更多的是以日益增长的交通为主要特征的，他们把这种状况概括为"用脚投票"，以此来对城市各方面要素进行评判。他们认为瑞典的城市发展过去是取决于个体迁移到能够提供工作机会的地方，而如今却是公司根据符合自己需要的劳动力集聚地来选址。

3. 对于城市化相关技术的研究

国外学者对城市化进程中的规划技术、绿色建筑技术、城市设计等方面的技术进行了广泛的研究。因西方的城镇化进程比我国要早，发展的要快，其很多方面的技术从理念到方法都要比国内先进，结合我国的具体城镇化特征，国外的有益的理念，如可持续发展、生态城市、绿色建筑等，实用的方法，如文化规划方法，被动式建筑节能方法，网格城市设计方法，都会为我国新型城镇化的发展提供认识论和方法论的突破可能。

对于规划技术的研究是多角度的，有的是从规划理论入手的，有的是从小城镇规划角度进行研究，有的把城市整体规划技术作为研究的对象。

文化规划现在被运用在瑞典各地的地方规划中，这是一种开发文化资源的方法，把城市规划和政策中的文化（人类学）结合在一起，成为一种独特的规划方法，文化规划的重点在于借助当地文化地图和社区参与来营造更高品位的场所。国外规划理论讨论与实践的关系时，有一种观点认为在建设一个实践的理论时，将需要阐明对社区规划中所发生的事物的认识。解释应该既让实践者明白，也要让学者们明白，理论一定要有实践意义，实践的理论应该澄清决策的性质以及说明通过规划活动传递的价值观念和意义。有学者认为既定的规划会对整个生态系统产生深远的影响，因此在全球范围内城市规划时都应该将规划方案对生态系统的影响作为衡量标准去评估城市的可持续性发展，这是一个非常重要的指标。

对于城市设计技术的研究，国外的研究者多数都会考虑经济、政治、社会和文化的作用，并不是仅仅从专业技术角度来对城市进行设计；他们把城市的设计看作是由很多专业人士共同完成的活动，是有意识的、正式的。城市设计技术中的关于城市网格特征的认知及方法，被认为是一种新的发现，但 Reuben 却认为虽然在历史上网格并非城市固有的特征，但它却作为一种基本的城市化工具独立出现在不同的文化中，它能表现出极为不同的城市生活的状态；美国芝加哥市对于网格的重新定义是其城市发展成功的一个重要因素。在瑞典这样的北欧国家福利模式中，一直把住房作为一种福利提供给居民，但是从新兴城市政策的发展来看，有突出特色及在地理上多样化的住房被人们所青睐，成为一种趋势，这种趋势也挑战了把"城市"作为一个不可避免的空间的传统看法，而将其视为社会福利的积极推动力。有学者把城镇人口规模作为一种影响城镇社会形态的因素，居民的熟识度和亲密感都可能受影响。公共行为被称作社会资本，而 Svendsen 将社会资本定义为对外开放式网络，涵盖了各式各样有社会分歧的人，而集中社会资本构成内部网络，内部网络的形成有助于强化专属认同和同质性。

技术转移是实现社会功能的主要的、长期的技术变革，它不仅涉及技术的变化，还包括用户实践、监管、工业网络、基础设施和符号意义或文化的变化。有学者就专门讨论了技术转移是如何产生的，在技术过渡的过程中有没有特定的模式和机制。学者从进化经济学和技术研究相融合的角度，探讨了技术转移的相关问题，认为技术进化是一个变异、选择和保留的过程；技术进化也是一种技术展开和重新配置的过程；并且技术转移会随着三种特殊的机制而变化，他们随着市场的增长，技术附加和融合。

绿色建筑技术包括节能、节水、节地等技术，绿色建筑技术的使用和推广是实现城市可持续发展，人民生活和谐的重要的手段。

国外早已把绿色建筑的推广看作是绿色建筑技术一个重要的方面，很多国家尝试用政策及法规方式来扶持绿色建筑技术的推广。如美国就有很多州制定了相应的推广激励机制，并用财政政策和税收政策来大力扶持绿色建筑。在国际上针对绿色建筑的评价体系有很多种，但应用最广泛的是英国的 BREEAM 评价体系，我国的绿色建筑评价标准也是基于此建立的。英国的 BREEAM 体系采用全生命周期评价方法，评价范围几乎覆盖了所有建筑物，无论是新建还有既有改造的，注重建筑物节能的能力；考察的建筑物按照在各项指标上表现出的性能给予打分，做出评价。

4. 国外研究评述

国外的早期文献中城市化的研究较多，对于城镇化的研究较少。近期文献中有关可持续城镇发展的研究对我国有借鉴意义。

现代化发展理论最初强调的是城市化，因此在国内外的相关文献中，早期城市化的研究较多，而城镇化的研究较少。城镇化是世界的潮流。但目前国外发达国家单纯针对城镇化的研究比较少了，因为发达国家的步伐优先于我国，如欧洲的城镇化已经基本达到90% 的稳定状态。发达国家城镇化的进程经历了数百年的历史，其产生的问题和成功的经验都非常值得我国借鉴。我国城镇化的发展是一个跨越式的发展，要在数十年的时间内完成发达国家数百年的目标，这其中既有借鉴，也有独特的创新。

欧洲现在强调城市发展的可持续化城镇（sustainable transition），欧盟层面关注城市经济、生态和平等（economy，ecology，equity）的协调发展。都为我国新型城镇化的发展思路的形成提供了前期经验，也都是在全球化的背景下解决如何提升城市竞争力同时兼顾环境可持续和社会公平问题，中国的农民的城镇化很大程度上涉及这个问题。所以相关的理论基础应该包括 city competitiveness——城市竞争力，creative city——创意城市，green city——绿色城市等，而中国的新型城镇化思路可以说是以这些理论为背景选择的一条基于中国现实的发展思路和对城市竞争力的解析。它体现了中国在应对与欧洲面临的相同的全球竞争时，中国城镇结合自身问题寻找的可持续发展之路。

近年来创意产业在西方国家迅速发展，特别是在欧洲部分国家甚至有超过其传统模式产业的趋势。西班牙学者 2012 年通过一篇文章更是从实证的角度分析了创意产业对区域性财富的重要性。研究数据来自欧盟统计局（SBS）和区域经济学研究组，OMIC 账户（REA）的数据库，数据通过对欧洲 24 个国家中的 250 个区域进行分析研究，得出三个重要的结论：第一，创意产业对富裕地区起到重要作用；第二，最有创意的地区比起其他地区更具备高科技的生产制造行业，尽管他们在拥有低端生产技术行业占有一定的数量。第三，每个工业区域对当地的财富都存在一定的影响，只是这里只展示创意工业对富裕地区的影响。通过上述结论，我们了解到创意产业对于区域经济的重要性。我们可以根据不同地区具备的资源条件、区位优势、经济技术等，来确认该地区的创意产业的模式，建立创意城镇，最终实现绿色的城镇化。而对于农业现代化，有学者曾经以非洲发展中国家及巴西和中国作为研究对象，提出以"绿色革命"来实现新型农业生态现代化，进而实现城镇化的理论探索。实现绿色革命不是目的，未来粮食生产的需求一直困扰着人类，这才是我们要解决的问题。而生态农业是我们解决问题的有效方法，并且这是一个复杂的问题。

国外学者对城镇化进程中的规划技术、绿色建筑技术、城市设计等方面的技术进行了广泛的研究，但是对于城镇化的技术体系及重点技术领域研究很少。因西方的城镇化进程比我国要早，发展的要快，其很多方面的技术从理念到方法都要比国内先进。对于我国城镇化的发展会提供有益的帮助和补充，并且国外对于这些城镇化相关技术的理论与实践的研究，都放在了经济、社会、环境这样一个系统之中，因为实践证明了仅仅硬的技术是无法满足城镇化的发展需求的，如规划要考虑政治因素，公众参与很重要；绿色建筑技术的实践与推广离不开政府的政策、法规的支持；城市设计技术需要考虑文化、历史、环境等诸多因素。这些研究对于中国新型城镇化的技术体系建构具有一定的价值，但也存着一定的局限性，因为中国国情不同，制度也不同。另外，国外研究很难对应中国迅速发展的实践，即使有的研究也针对中国的问题，甚至具有从外部看，有时看得更清的优势，但也缺乏根据翔实的案例做更深入的剖析。

第三节　中国小城镇的发展及其面临的现实矛盾

本书将我国传统城镇化历程及新型城镇化的发展在第一章做了详细的阐述，改革开放以来，我国城镇建设事业取得了巨大成就，为促进国家经济持续快速发展和社会全面进步做出了重要贡献。但与此同时，我国小城镇的建设和发展也存在着一些亟待解决的问题，如：城镇化经济模式单一、城乡发展不平衡、规划编制滞后且实施不力、资源环境破坏严重、基础设施建设落后、信息技术水平偏低等问题，严重制约和影响了小城镇功能的发挥。因此，在城镇化进程与区域经济受资源环境的约束不断强化的背景下，小城镇建设模式转型成为必然。

一、中国小城镇的发展转型

1.绿色小城镇

（1）绿色小城镇内涵及外延

为了解决小城镇建设中出现的各种问题，与我们提出的可持续发展的绿色理念结合起来，我们提出建设绿色小城镇，绿色小城镇是我国小城镇建设的目标模式。袁文艺，金佳柳认为，所谓绿色小城镇，是物质文明、精神文明、生态文明同步建设，人与自然和谐共处，可持续发展的现代化小城镇。[①] 我国在 2015 年 3 月 12 日发布了绿色小城镇评估标准《绿色小城镇评价标准》，包括小城镇建设与规划、生态规划与建设、遗产保护等多方面的指标体系，《标准》中关于绿色小城镇的定义是因地制宜的科学规划，产业模式合理，资源能源集约节约、保护环境、功能完善、宜居宜业、特色鲜明，突出物质文明、精神文明、生态文明建设，实现可持续发展的小城镇。绿色小城镇作为全新的理念，现阶段来看，并不是适合在全国范围内全面建设，由于全国各地的经济发展水平参差不齐，对以一些经济落后的偏远地区，绿色小城镇还只能是个理念，对于一些经济发达地区，我们可以优先建设绿色小城镇。随着中国特色社会主义的全面发展，乡村的现代化过程会不断加速，各地区的差距逐渐缩小，适合绿色小城镇建设的地区越来越多。

笔者认为，绿色小城镇是一种全新的小城镇建设模式，它是一种理念的发展和创新，它扬弃传统粗放式的发展模式，是生态文明、物质文明、精神文明同步建设的小城镇，在小城镇建设、规划、发

---

① 袁文艺，金佳柳. 绿色小城镇：现状、理念及建设 [J]. 鄂州大学学报 ,2003，(7)：19.

展过程中融入了生态文明理念，把集约、绿色、节能、环保理念深度地融合起来，能够更好地满足新型城镇化的要求，为美丽中国建设提供一种崭新的模式。因此，绿色生态小城镇是集约、智能、绿色、低碳的小城镇，本身是具备可持续发展潜力的小城镇，把生态文明理念融入绿色小城镇建设全过程，保障我国绿色小城镇建设的顺利进行。

我们要建设什么样的绿色小城镇，怎样建设绿色小城镇，我们应该有个明确的目标。一、改善居民的生活质量是绿色小城镇建设的首要问题。绿色小城镇建设不仅要重视城镇外部的生态环境和周围的绿色空间建设，更要重视内部的环境质量和绿地建设。二、绿色小城镇建设要科学合理地布局。合理地整合城乡的地，科学规划，合理引导，不浪费每一寸土地，合理开发绿色小城镇的土地，优化绿色小城镇的内部空间结构，提高城镇土地资源利用效率。三、绿色小城镇建设要完善公共基础设施建设。绿色小城镇发展和城镇化的推进，都需要基础设施的支撑，我们要统一建设大型的基础设施和公共用地，满足居民日常生活的需求，建设与经济发展水平相适应的基础设施和公共设施，不断增加绿色小城镇的服务功能，提高绿色小城镇的吸引力和凝聚力。四、要建设生态宜居的绿色小城镇。绿色小城镇建设的根本目的就是提高居民的生活水平，改善环境，达到人和环境和谐共处的境界，不断加快绿色小城镇健康发展。

（2）小城镇与绿色小城镇的关系

对于中国未来的经济社会发展，小城镇有着重要的使命，面临严峻的挑战，我国小城镇究竟要走什么样的模式，毋庸置疑，必然要走绿色小城镇道路。我们要寻找小城镇发展新的模式，绿色小城镇是一种全新的模式，因此我们要迫切建设绿色小城镇道路。绿色小城镇是小城镇的必然选择；是小城镇的目标模式；是小城镇的升华，所以绿色小城镇必须全面规划、因地制宜、统筹兼顾、以人为本，运用科学的发展方法，提升小城镇的产业发展和转型升级，挖掘地方特色，建立一种全新的绿色发展模式。绿色小城镇建设，也更符合绿色可持续发展的要求。

党的十九大以来，党中央高度重视生态文明建设，提出绿色发展新理念。积极推进绿色小城镇建设，遵循乡村自身发展规律，科学规划，注重体现农村特色、乡土味道、民族风情，保留田园风貌，加快改善乡村生产生活条件。绿色小城镇的建设和发展可以为乡镇工业创造一个良好的活动空间，为工业的进一步发展提供了条件，从而促进工业化和小城镇的发展，小城镇规模的扩大和功能的完善，使其更有效地接受城市的新技术和信息的辐射，为乡镇工业发展提供支持，也为乡村振兴战略的实施打下坚实的基础。

（3）绿色小城镇在新型城镇化中的地位和作用

分析新型城镇化和绿色小城镇之间的关系，首先要理解他们的内涵，本书已经对他们的内涵进行了阐释。我们都知道，我国走新型城镇化道路面临严峻的挑战，因此我们要走绿色小城镇道路，我们的要走怎样的绿色小城镇道路，我们在不断地探索中。绿色小城镇是新型城镇化的必然选择，是新型城镇化的升华，是新型城镇化的不断发展。绿色小城镇相对于过去的新型城镇化来讲，无论是在技术、体制、经济等方面，还是在观念、模式、思路等方面都有了新的突破，我们进一步分析绿色小城镇的"绿色"，我们需要对生态文明理念进行变革，还要有了"绿色"的创新。我国的绿色小城镇道路建设是在新型城镇化基础上将生态文明理念融入了小城镇工作中去，绿色小城镇是新型城镇化的更高要求，也符合我们的科学发展观的新要求。我国的绿色小城镇道路建设起步比较晚，直到党的十八大以来才受到重视，虽然从国家层面并没有对绿色小城镇做出具体的思想指导，也没有出台相关的理论政策，但是我们已经开始建设绿色小城镇示范基地，目的是为了更好地预防和保护环境问题。绿色小城镇是一个全面发展绿色的问题，是以人为本的全新理念，是注重生态平衡，保护生态环境，使得人与自然和谐发展。

在新型城镇化的大背景下，国家不断加大小城镇建设扶持力度，意在通过小城镇建设让更多人实现美丽中国梦。绿色小城镇在推动新城镇化进程中有着不可替代的地位和作用，是完善城镇体系的必经之路。绿色小城镇在新型城镇化发展过程中有着重要的地位，主要体现在乡镇企业共同发展，促进城镇工业化进程，新型城镇化快速发展，主要是由乡镇企业带动的，小城镇是乡镇企业的载体。所以，绿色小城镇发展为乡镇企业提供了很多的便利条件，提供了市场、劳动力，加快了工业化的发展，为乡镇企业创造了良好的活动空间。绿色小城镇建设的繁荣和发展促进了工业化和城镇化的发展，绿色小城镇规模的扩大和功能完善，使得小城镇可以接受周围城市的新技术和信息的辐射，不断完善新型城镇化。发展绿色小城镇，是我国农村现代化的必由之路，也是新型城镇化的要求。习总书记讲城镇化是一个过程，那么新型城镇化也是一个过程。笔者认为新型城镇化的过程中我们必须大力发展绿色小城镇，绿色小城镇符合新型城镇化的要求，也符合我国生态文明发展的理念，但是我们目前的发展得不好，新型城镇化我们党中央提出以人为本、四化同步、科学布局、绿色发展、文化传承，这是我们党中央经过反复研究明确下来的。我们要实现新型城镇化，必须把绿色小城镇建设好。习总书记讲过农村建设是新型城镇化的一部分，因为我们要实现全面小康，没有农村小康就没有全面小康。由于小城镇是介于城市与农村之间，我们把绿色意识和小城镇建设结合起来，建设新型的可持续发展的绿色小城镇，这也是是未来小城镇建设发展的一个新方向。

2. 特色小城镇

（1）特色小城镇的提出及发展

小城镇作为城市与集镇的合称，是小城市和小规模商业基地，与乡村地区相比，城镇商业、交通、文化教育、医疗以及各种服务更为完善。自 2014 年 3 月，国家发展改革委制发《国家新型城镇化规划（2014—2020 年)》，提出要"将具有特色资源、区位优势的小城镇，通过规划引导、市场运作，培育成为文化旅游、商贸物流、资源加工、交通枢纽等专业特色镇"开始，特色镇便成新型城镇化建设中一个热词进入大家的视野。

创建特色小城镇，全面优化城镇产业结构，着重加强城镇生态文明建设，成为各地政府的共识。并力求以特色小镇来促进城乡同步发展，维持城乡的平衡关系，发挥城镇的纽带作用。特色小（城）镇建设是我国新型城镇化工作的主要组成部分，是实施乡村振兴战略，消除城乡二元结构的重要契合点和抓手。特色小城镇作为新型城镇化和乡村振兴战略背景下推动城乡融合和农村城镇化的新模式对于地方实现特色发展和典型引领，实施基层治理创新具有重要靶向功能

各地政府自 2015 起开始对特色小城镇建设提上议程，其中以浙江省对特色小镇的培育工作推进的最为突出，其先进经验得到习近平总书记、李克强总理等国家领导人的关注，对浙江省特色小镇建设做出批示："供给侧改革的重大创新；新型城镇化建设的创新发展模式；大众创业、万众创新的有效尝试；新常态经济升级转型的重

大抓手；大有可为、各地应因地制宜借鉴。"为贯彻落实国家领导人的指示精神，国家发展改革委、住建部等相关部委相继出台加快推进特色小（城）镇建设的指导意见和培育通知，全国各地积极响应国家号召，特色小（城）镇建设进入井喷期，特色产业镇、农业特色互联网小镇、森林特色小镇、运动休闲特色小镇、"百镇建设行动"示范镇等名目繁多的特色小（城）镇建设蓬勃兴起、层出不穷，甚至出现了生姜小镇、大蒜小镇等。特色小镇从浙江向全国推广不到 5 年时间，除浙江及部分少数地区已建成一些成熟小镇外，他地区尤其是中西部地区小镇总体处于创建培育阶段。有很多地方在推进过程中出现了一些值得重视和警惕的倾向性问题。

（2）特色小城镇发展中存在的问题

一是概念不清，定位不准。一些地方把特色小镇当成一个筐什么都往里装，而且越到基层越明显。比如，一些地区把特色小镇等同于一般的小城镇建设，在几十乃至上百平方公里的空间范围内推进建设。再如，把特色小镇等同于旅游景区、文化旅游或体育运动综合体项目，只注重单一功能而忽视了"城"的综合功能。这些"穿新鞋走老路""新瓶装旧酒"的做法，混淆了特色小镇的概念，违背了特色小镇建设初衷，很难实现在一个集聚的空间范围内，助推供给侧结构性改革和产业转型升级的战略目标。

二是盲目发展，质量不高。少部分地区抱着抢抓国家政策红利和多报不吃亏的心态大干快上，层层加码。有的地方政府跟风发展、相互攀比，只管要"帽子"，不管当地有无基础、能不能建成，都要打造一批特色小镇。有的地方急于求成，迫切希望在短短三五年时间内建成几十个甚至上百个特色小镇。有些地方用地粗放，重增量扩张轻存量改造，脱离原有建制镇区开辟新区域建设，引发新一轮用地冲动。有些地方生态环境保护不力，少数地区存在挖山填湖、破坏山水田园的现象。这种做法难免会劳民伤财、破坏环境，留下败笔、造成遗憾。

三是同质化较严重，特色不鲜明。部分地区简单模仿、照搬照抄浙江经验，"学形不学魂"，甚至"东施效颦"。比如，生搬硬套、硬造特色，很多小镇都以文化旅游、休闲养生为主题，还有很多"基金小镇"，内容重复、形态雷同，所确定的产业和功能脱离实际。再如，自身特色挖掘不足，一个规划设计方案多处复制，在产业特色、建筑风格和小镇整体风貌上没有体现地区差异性。失去了特色，小镇也就失去了生命力，既可能浪费资源，又会丧失发展机遇。

四是政府主导倾向明显，市场化不足。部分地区依然沿用传统开发思路，不注重发挥市场作用，中西部地区尤为明显。比如，以领导意志替代市场规律，一厢情愿地发展自认为有前景的特色产业。再如，在融资方面，政府投资比例过高，并过于依赖上级政策资金项目支持。又如，弄混了政企的角色，政府不仅在投融资方面替企业"背书"，还包揽了很多本该由企业承担的职责。这可能导致小镇难以长期可持续运营，甚至出现"空镇""鬼镇"。

五是重物不重人，搞形象工程。有的地区没有坚持以人为本，重物质建设和外观美化，忽略人的生产生活需要。比如，重产业轻配套，强调发展高大上的产业，忽视环境营造和生活配套，缺乏对人特别是高端人才的吸引力。再如，为营造新景观，抛开原有镇区的良好人口经济文化基础，按照建新城的思路另起炉灶、从零起步建新镇。又如，少数地方将原住居民整体迁出，忽略原住居民生产生活需要。这实质上是造新城的延续和变异，极易催生大量"形象工程"，无法满足人民群众对城镇生活的美好期待。

六是盲目举债，积累财政金融风险。个别地区抱着"借钱赚政绩、欠账下任还"的心态大量举债建设特色小镇。比如，政府投入大、占比过高，少数依靠转移支付维持运转的县举债建设特色小镇，政府配套投入资金规模大大超出当年县级财政收入。再如，盲目攀比投资规模，或迫于完成考核任务利用县级融资平台公司融资。又如，对存量债务和新增债务缺乏统筹，对偿债资金来源缺乏考虑。这些不顾及本地财政实力的做法，会放大地方政府财务杠杆，增加地方政府债务。

七是房企过度参与，小镇地产化。有的房地产企业以特色小镇之名变相搞房地产开发，加重房地产库存。比如，少数地方把眼睛盯着怎么样利用土地，怎么样开发房地产获取卖地收入。再如，以发展产业之名圈地，一些小镇内房地产用地占比过高，产业及相关配套明显不足。又如，小镇商业模式不成熟，后续盈利能力堪忧。还如，房企不具备专业运营能力，存在出售物业后跑路的风险。放任房地产企业过度圈地建设小镇，很容易形成一批新的房地产库存，给政府带来基础设施维护和社会治理的负担。

二、中国小城镇发展面临的现实矛盾

与众多发达国家相较而言，我国区域城镇发展体系突出表现为大城市显著"强势"、乡村地区显著"弱势"并存的独特现实。小城镇作为链接大城市与乡村之间的纽带，却无视自身发展需求，优势要素逐步向大城市靠拢，人口数量萎缩、城镇功能缺乏，对乡村的吸引能力与辐射能力不足，严重影响了区域城镇发展体系正常功能的释效，造成了大城市不堪重负，"城市病""温室效应"问题格外严峻；而小城镇、乡村要素流失、无所作为，逐步出现破败凋敝的景象。在一定程度上，城镇化率年年攀升的背后，是小城镇以超越生态环境容量、基础配套规模的姿态，仅是实现"农民—居民"身份转变的"城镇化"，缺乏将小城镇作为承接大城市与乡村两极过渡阶段的载体形态。

小城镇的发展是整个城镇化进程中的一部分，无论是绿色小城镇还是特色小城镇都是我国小城镇发展进程中的一部分，真正要实现的是"化人"的目标，那么我国小城镇发展建设过程中的主要问题与矛盾到底是什么？

1. 城乡二元化带来社会矛盾

李克强总理说，城镇化"化"的是人。那么在我国传统城镇化的道路上，作为主体的个体的人，及由人组成的群体的政府扮演着什么样的角色，发挥着怎样的作用呢？对于传统城镇化中的个体，他们在我国传统城镇化中的角色及作用大致分成两类人。

（1）城市人与乡村人的矛盾

一类人是在城镇化进程中成为"真正的"城市人。为什么在"真正的"这个词汇上用双引号呢？因为"真正的"城市人也可有两种理解。一种是取得城市户口的人，并且具有较稳定的经济来源，（这些人中包括原土地所有者变成我们说的依靠级差地租带来极大收益的拆迁户，及在大城市中发展良好取得户籍的人）就被称为城市人。这类人群在传统城镇化过程中，拥有了城市户籍。但因为城镇化中的由乡村演变为城镇的这个城市本身的特征及发展水平，使得他们与很多大城市市民能够享有的物质和精神的权利相去甚远。医疗、养老、交通、公共设施、公共服务等，这一种"真正的"城市人与我们"化"人的目标不能吻合。而进入大城市取得户籍的人，又有很多无法从文化和精神上真正融入这些城市。另一种"真正的"城市人是上一种人的二代或三代，他们因为上一代或上两代人享有城镇化的成果，使得自身成为与大城市市民享有同样权利和生活的人。当然他们中有很多已经从这个城镇迁移到更大、更发达的城市。这一种人的生存状态更贴近"真正"两字。

另一类，并没有真正成为城市人。其中部分人是拥有新城镇的户籍的，部分人是进入到大城市生活但没有户籍的。前者，他们虽然也拥有新城镇的户籍，但在乡村演变为城镇的进程中，他们因为失去土地而失去生活的来源，成为传统城镇化的利益受损者，在城镇化进程中自身利益受到损害，失地带来的是身体与心灵家园的双重缺失。后者，这些离开家乡到大城市生活工作的这部分人，他们虽然生活在大城市，但他们经济上无法满足在城市生存及发展的要求，成为中低收入群体或城市边缘群体。城市居民的一切福利待遇他们都无法享用到，住房、医疗、养老、保险、教育，都成为他们在城市生存的硬伤。他们被迫承受着城市的高房价、高消费，无法真正融入生活的城市，无法真正成为一个城市人。

（2）城镇化过程中个体与群体的矛盾

传统城镇化中的群体，本书特指的是个体组成的地方政府。很多地方政府的目的性很强，将城镇化率当作政绩和任务。这么做的结果使他们中的个体及这个群体成为利益受益者，但同时从发展的观点来看，他们同时也是利益受损者，只是他们不自知而已。

传统城镇化的高投资、快速的土地扩张，为地方财政带来了大力的支持。因此，地方政府及地方官员是利益受益者。因为地方政府可以通过这种财富的增加提高本地的公共支出，将由乡村发展为城镇的地方，最快地完成财富的汇聚。

地方政府及地方官员同时也是利益受损者，是从长远及发展的眼光来看待，只是他们不自知。城镇化资源、能源的浪费，环境的污染，都给这些城镇带来发展的硬伤。怎样才能可持续性地发展，成为地方政府必须面对的问题，否则生存就要成为问题。而对于地方官员来说，在这个过程中，充分的地方财政收入往往会造成浪费现象，重者会萌发贪污、受贿的违法行为。这些地方官员在一片大好的形势中，失去了作为政府公务人员最起码的底线，等待他们的是可预料的结局。

因此，小城镇建设需要社会学、法学、伦理学、行政学形成合作，在社会组织制度顶层设计方面着手解决这些矛盾；从技术角度，则需要综合城镇规划技术的支撑。

2. 严重的生态问题与经济发展的矛盾

大多数发展中国家城镇化中遗留下城市贫困、交通拥挤、空气污染等问题，一直困扰着他们今天的发展，城市服务业无法满足市民的各种要求。我国在传统城镇化进程中，与世界上诸多发展中国家一样，遗留下明显的问题和矛盾。这些矛盾在无论是以城市外扩的方式还是原来的乡村转变为独立城镇的方式中都存在如下三个方面的问题。

首先，居民社会生活无法保证质量。如前文所述，我国传统城镇化的方式是依赖投资、土地扩张开始，快速发展经济，而忽视社会服务，民生与环境类发展受到极大的阻碍。有学者用"半"城镇化来形容这样的现象，认为传统城镇化的造城是"摊大饼"的结果。城市的基本公共服务系统无法提供均等的服务，最突出的问题集中在就业、教育、医疗、养老、住房、基础公共服务设施等方面。无论是进城的农民工还是在本地城镇化后的新城市人，他们的社会地位、居住条件、生存生活感受等都无法保证他们的生活质量。在这样的状况下，进城的农民工更是只能成为隐形的城镇化居民。

其次，城镇的生活空间留下陷阱。以房地产行业为抓手的城镇化运动，带给城市建筑无法言说的现状和未来。虽然受到地理条件、文化背景及各地区经济发展水平的制约，各地区的城镇布局各有差异。但我国传统城镇化追求片面的大、速度快，使得城镇建筑在遵循建筑原则的这个基本基础之上，缺少了对当地环境的回应，抛弃了可持续的设计技术策略，忽略了城镇公共空间的设计，更无从谈起各建筑物内部与城镇的结合。不同城镇的建筑组群无法拥有自身独特的建筑肌理，使得政治、社会、市场、文化这些趋势无法成为城镇生活空间的背景。这样的城镇空间建构，留下的是对城镇宜居、独一无二、赏心悦目的目标最大的阻碍。

最后，过度的经济发展使城镇失去未来。如前文所述依赖于大量的投资，并进行快速的土地扩张，以达到提高城镇规模的目的，进而实现城镇化。这是我国传统城镇化的"粗放式"经济增长模式，这种模式造成了房地产行业的蓬勃发展，可是民生、环境类投资远远落后。工业化伴随着城镇化，但农业化远远落后于前两者的发展。在我国的三产中，第三产业所占比重虽已占据领先地位，但其比重与发达国家相比，第三产业的数量和质量还无法具有明显的优势。这种方式发展起来的城镇形态，还伴随着对资源、能源的过度消耗，并造成了严重的环境污染，而这类的行业的竞争力往往不强，却又低回报。城镇陷于过度的经济发展状态下，轻则后天乏力，重则失去发展的未来，这对城镇及城镇居民来说是威胁生存的打击。

因此，解决严重的生态问题与经济发展的矛盾需要整个社会树立可持续发展的观念，产业结构调整，大力发展循环经济、生态农业和小城镇建设绿色技术。

3. 不协调的城镇化技术体系与新目标的矛盾

长期以来，大城市作为经济活力的"发动机"，承担了区域内部众多的诉求职能，相应的发展战略研究也比较完善。对于小城镇而言，现阶段仅着眼于发展机遇与政策红利，推动创业风口产业发展、完善适度的配套体系仍是首要任务，难以从整体、长远角度考虑未来发展需求。基于此，小城镇以"亚健康"的规划方式进行预测与调控，整体发展导向缺乏对自身历史脉络与发展优势的梳理与传承，跟风式模仿，同质化发展，无论是经济体系重塑、产业特色挖掘，还是城镇风貌营造，皆朝着短期见效、形象工程等方向，长期将难以为继。

在我国小城镇建设发展的过程中，无论是绿色小城镇建设，还是特色小城镇建设，都取得了一定的成绩与效果，但我国的脱贫工作仍需巩固，乡村振兴战略仍需推进，承担起自身使命的小城镇，其建设与发展与我国小城镇建设的最终目标是一致的，即实现城乡统筹、城乡一体、产业互动、节约集约、生态宜居、和谐发展为基本特征的城镇化。而小城镇发展的过程中并没有建构起与这一目标协调的技术体系，其主要表现为以下特征：

第一，城市建设技术的快速发展与乡村建设技术的落后并存。伴随着土地扩张的传统城镇化、房地产行业迅速发展，建筑类技术成为传统城镇化中得到最大发展的技术类别，同时也成为我国传统城镇化进程中的支撑技术。我国传统城镇化中的城镇、城市的硬件实现，离不开各种建筑技术的支持，建筑类技术覆盖面广，涉及的专业多，与人、社会、城市息息相关。规划技术为城镇化提供总体空间布局，虽然因为各种因素结果不尽如人意，但这种技术确实在城镇化的过程中扮演着越来越重要的角色；建筑设计技术为城镇与城市中的各种建筑物的存在打下基础，这些技术的存在都在一定程度上扩大了人的就业，推动了城镇化的发展。但是乡村的道路、基础设施建设却大大落后于城镇。大城市的建设可与国际最先进的大都市媲美，可许多乡村的建设却还停留在近代水平。

第二，与民生和环境可持续发展密切相关的生态技术被忽略。在传统城镇化技术体系中这一类技术只是置于与上一类建筑技术密切相联系的其他类技术，主要对城镇建筑发展起到推动作用的相关技术。节能环保技术也在传统城镇化的过程中被使用，但遇到利益冲突时，总是被最先忽略。土地资源管理技术与规划技术相结合对城镇化的空间进行分类；水土保持技术解决城镇化中的水土流失的问题等等。

第三，信息技术、智能技术等先进技术城乡发展不平衡。信息技术是与各种建筑技术融合的技术综合，如将信息技术与建筑规划技术相结合，预测城镇化进程中的生态风险；智能网络技术提高城镇建设的自动化程度；云技术提升城市基础设施的建设；这类技术在城市化的进程中刚刚得到运用，在乡村建设中则发展缓慢，沿海发达地区除外。

第四，实现城镇化相关的技术间接影响了城镇化的健康发展。这一类可称为城镇化技术的支撑技术，如城建技术需要钢铁，那么冶金技术就构成了城建技术的支撑。这类技术是推动工业化及经济发展为主要目标的技术，进而在这一类别的技术中，涉及的技术种类繁多，又可概括的分为传统工业化和新型工业化的各种技术。传统工业化以重工业技术为代表，消耗大量资源、能源，高投入低产能，如冶金技术、钢铁技术、机械技术、能源技术等等；而新型工业化大力发展符合能源、环境与人类要求的新型节能环保产业，以技术改造为目的的各种高新技术成为主力。

传统城镇化的技术体系的不协调，总体上并没有有效地支撑城镇化健康发展，并且因为传统城镇化自身的目标及发展过程中的各类问题存在，与之相关的各项具体技术都存在着差异性和局限性。由于小城镇建设发展根本目标是城乡协调发展，要求配备新的技术体系来支持小城镇建设的实现。

小城镇建设的技术体系是一个复杂的系统，在总体把握的基础上，需要针对现实矛盾，选择更有效的技术领域来解决问题，因此，小城镇建设发展过程中重点技术领域的选择变得格外重要。

第四节　中国小城镇发展的技术选择路径分析

一、技术选择的一般原则

技术的存在必然是为了满足人类的某种需求，不同社会、自然条件之下，所采用的技术类型不尽相同，但所选用的技术必须要满足社会公众、企业的需要，这是对技术进行选择的首要基础。技术选择不仅是对硬技术的选择，也是对其如何应用提供指导方针和原则；并且要满足经济利益的需求，更要满足社会的需求；不同时期这些需求又会发生变化，技术选择的原则也不是一成不变的。

但总体上对于技术选择的原则多是从经济学角度提出的，虽然也考虑技术选择对社会、环境的影响，但首要的出发角度还是经济效益。STS 视角的技术选择更多地从社会角度对技术进行分析，能有效地规避技术工具价值的过分膨胀和经济效益的左右，是希望技术发展与人类社会更和谐的呼声。

1. 经济学视角的技术选择原则——利益最大化

经济学视角的技术选择，以经济利益最大化为基本原则。对于企业来说，它的最终目标是提高企业整体绩效和整体竞争力，因此利润最大化或者成本最小化原则是其进行技术选择的核心原则。该原则的实现是通过资本和劳动等生产要素的相对价格变化的考察，依次以劳动替代资本或资本替代劳动的形式进行。工资率和利率的相互比较成为"技术选择"决策的关键。从国家角度进行技术选择主要目的是解决发展中国家在追赶发达国家的过程中的技术引进问题。林毅夫的技术选择假说比较具有代表性，认为一个经济的最优产业结构是由其要素禀赋结构所内生决定的。要素禀赋结构升级为产业和技术结构升级提供了基础。对于发展中国家来说，政府的发展战略至关重要，并且遵循比较优势的战略将有助于发展中国家向发达国家收敛。

无论是从企业还是从国家层面进行技术选择的主体都是多层次、多部门、多学科的。对同一技术进行选择的立场不同、出发点不同、评价指标不同，选择的结果也可能不同。因此在进行技术选择时，不仅要有内部的专家也应吸收外部的评价主体。如企业层面进行技术选择时，既应有企业内部的专家，而且应吸收来自企业供应商、客户、技术创新合作者等方面的专家参与；在进行技术选择时，必须充分听取相关利益方的意见与建议，特别是关注被忽略的相关主体的利益。技术选择的客体确立并没有规范化的标准，但需要采用一定的原则确定技术选择客体的目标，也就是说要选择什么类型的技术是有一定原则的。一般情况下，战略上的重要性是选择什么类型的首要标准；其次还要考虑所选定的技术产生的后果，对企业战略目标的影响；再次要确定企业的技术优先级，哪些是优先考虑的，哪些是其次的；最后确定战略行动，对所选择的技术是采用技术引进还是自主创新。

2. STS 视角的技术选择原则——兼顾社会、经济与环境

技术受到社会的选择，对技术的选择要兼顾社会、经济与环境等因素。社会选择是技术形成和演变过程中的重要一环，起着极为重要的作用。STS 领域的学者认为技术具有可选择性和社会建构性，因此从社会因素入手来分析技术的选择，要考虑社会、经济、文化、环境等诸多因素，这些因素共同决定技术的内容。政府、公众、企业都可以作为技术选择的社会因素，社会选择可以满足人们不同的需要，也反映社会不同群体、不同阶层的利益和愿望，社会选择的过程，也是不同利益集团之间博弈的过程。因为技术选择会决定技术的优胜劣汰机制，优化资源配置；也就满足了不同利益集团的需求。

技术的社会选择虽然同样是为了满足不同主体的利益和需求，但根本原则是兼顾社会效益、经济效益与环境效益，因为技术的发展受到这些因素的影响。对于这些影响因素具体有哪些构成，不同的学者有不同的认知。除了社会、经济、环境等因素之外，文化、意识形态、国家政策甚至是军事因素等等，根据不同的时期，不同的问题，都可能是技术的社会选择因素。根据社会因素来作为技术发展的条件也不是一个简单的单向过程，这些因素的作用一旦得到发展和贯彻执行，技术就不仅对它们的环境产生反应以生成新的技术形式，而且也会产生新的环境。因此技术的社会选择，从一定程度上为技术的工具理性与价值理性的统一提供了可能的途径。实现技术的进步是技术的社会选择的原则和目标。技术的社会选择并不意味着技术发展的终结，而是对技术继续塑造的根据和新的起点，以

实现技术的发展为目的。"在人类的技术活动中到处都有选择，而且技术发展的任务正是要做出恰当的选择"。从选择中对技术提出新的要求形成技术发展的新的动力，导致技术向更高的水平发展。

二、中国小城镇发展的技术选择原则

本书从价值论的角度作为技术选择的原则，建立解决城镇化现实矛盾的价值评价标准，以此来作为小城镇发展的技术选择原则。

科学技术在近代人类历史发展的过程中起着举足轻重的作用，但在我国传统城镇化进程中产生的污染问题、安全问题等，有人认为科学技术是原罪，我们不应该将人类的生活建立在科技发展的基础上。但科技哲学家们早就告诉我们，科技是没有价值的，是人类赋予了他们价值。生态现代化理论的研究者 Arthur P.J. Mol 就曾经说过，现代的科学和技术是生态经济中的主要机构，生态现代化离不开现代技术。随着技术的不断创新，各种新兴技术不断涌现，这些新兴技术的形成的技术系统是形成城镇可持续发展的物质保障，无论是工业化还是农业化，都离不开技术创新，新技术系统是小城镇建设的主要动力；同时也是解决传统城镇化遗留的矛盾及问题的主要手段。

小城镇建设就其本质来说是一种人类改造世界的实践活动。针对我国城镇化存在的弊端和问题，根据政府及学术界对小城镇建设各种提法进行了总结，本书认为我国的小城镇建设之路必须是增加人民群众的幸福感，城乡协调，走可持续发展之路。本书对小城镇建设重点技术领域的选择是从社会、环境、经济三个方面来共同完成的。在新中国成立后的近七十年时间里，我国城镇化以突发式的扩张加速着进程，巨大的环境压力无法突破，在当代城市中给人的生存空间留下了诸多的问题和矛盾。恶性污染、公共场所安全、社会突发事件等等，都对当代人甚至于后代人的利益造成了极大的威胁。这些矛盾与问题散布于社会、环境与经济三个方面，在小城镇建设进程中，小城镇建设重点技术领域的选择必须能够有助于这些现实矛盾的解决。

1. 技术选择要解决传统城镇化"化城"与"化人"的矛盾

在客观世界被改造的过程中，说到底是为了满足人类的自己的需要，所以小城镇建设最终目的"化"的是人，满足了这个条件，小城镇建设这一实践活动才获得一定的价值。建设的新型城镇不仅仅是高楼大厦，而是要形成地区的独特地域文化，尊重人的精神幸福并使居民产生归属感。城镇居民的思维和生活方式发生变化，增加幸福感，实现人与社会的和谐发展，实现人的可持续发展，这也是小城镇建设的终极目标。

2. 技术选择要解决城镇建设过快与生活宜居的矛盾

城镇居民的生活空间宜居，实现城镇的绿色发展。城市、社会、和自然环境之间的关系，决定了绿色发展的必然性。随着实践主体不断变化，需要客体的发展能够满足主体需要，满足主体需要的程度越高，价值就越大，主客观之间又是相互作用的。对于小城镇建设的客体来说，我们所说的"新"型城镇，要建立的是生活空间宜居的城镇，单纯的城市扩张，千篇一律的城市设计，粗放式的城镇化率增长，都不复存在。城镇居民的生活活动空间和日常活动空间，都要以各种场所和设施的具体表现形式来保证生活空间的宜居。城市建筑、绿地空间、自然资源、城市污染等等各方面因素，都是保证生活空间宜居的要素；同时，生活空间宜居标准的确立，也是构成城镇可持续发展要素的必要条件。

3. 技术选择要解决传统城镇化经济发展与生态环境可持续的矛盾

经济发展适度，是实现小城镇建设功效价值的基本保证。城镇化进程中的快速发展及产业结构的遗留问题，是小城镇建设必须面对和要解决的。小城镇建设面对的是我国经济新常态状态，经济发展放缓，小城镇建设成为经济发展的主要推手。但经济结构、类型都应该做出调整和规划。经济发展"高速"模式，不应以环境污染、资源能源危机为代价；因此如何使经济"适度"的发展成为重要的问题。是否"适度"不仅仅关系到经济发展的快慢问题，如何发展经济、产业结构如何调整、如何实现提高经济发展中的城镇活力，都是需要面对的问题。

第三章 国外小城镇发展实践与经验

国外小城镇建设最早也是起源于欧洲一些发达国家，大都结合本身的地域特点，选择了合适本国国情的发展道路。如英国二战后选择新城建设模式，美国选择"都市化村庄"的道路，法国选择了"卫星城"的发展道路等。从城镇化进程看，国外发达国家小城镇都注重质量的提高，经济实力的增强，环境的优化等等。国外小城镇建设是一种过渡的城镇化模式，在完善阶段小城镇是一种比较重要的城镇化模式。

但是他们都要面对一些关键问题，最突出的莫过于小城镇应该如何定位。如应该如何保持一定的人口规模？主要财政收入来源？是扩张还是保持不变？多样化是必要的吗？

第一节 国外小城镇建设的模式

以工业革命为开端，西方发达国家以此为契机先后开启了城市化的进程。并且，它们也是世界上最早实现城市化的国家，率先完成了乡村向城市、农业向工业的转变。发达国家的城市化从早期的兴起、扩散到全面推进和基本实现,再到最新科学技术发展推动的现代城市化,经历了一百多年的时间。

在城市化的进程中,小城镇只占其中一个点,但小城镇依然十分重要。联合国人口司提出全球人口增长的46%出现在小城镇。在欧洲,总人口的38%居住在中小城镇;而在美国大概有54%的人口生活在1万至25万不等的城市。小城镇可以通过多种因素来界定,可以是人口,也可以是地理、经济因素。欧盟定义小城镇为那些人口规模在1万到5万之间的城市。有学者认为小城镇可以被宽泛地定义成人口少于10万的城市,也有学者提出,人口规模在2500至2.5万的城市属于小城镇。加拿大司法统计中心,2006年将小城镇与农村地区区分开来,并把它们定义为"人口数量最少为1000,人口密度至少每平方千米400人的城市区域"。

除了人口因素之外,还有其他无法量化的因素来定义小城镇。地域色彩就是因素之一,也是通常被提及的物理标记。地域作为一种标志,是居住在那里的人们的一种身份上的认同。

一、英国小城镇建设发展模式

英国是世界上城市化进程最早的国家,自工业革命以来,英国的小城镇历经200多年的演进,仍在英国的经济社会发展中扮演重要角色。从风情特色来看,英国的小城镇以其独特的兼有城乡风情和地域特色吸引着人们的眼球。从城市化的深度和广度来看,人们也把小城镇看作是英国乡村城市化、现代化的重要环节。

1. 田园城市——城镇建设的初步探索

19世纪末20世纪初随着工业化的快速发展,英国的大城市如伦敦、利物浦、伯明翰等经历了无序扩张的快速发展之后,一些问题显现出来。一方面，农村人口源源不断地离开农村涌入城市，为工业发展提供了足够的劳动力；另一方面，传统城市缺乏面向高度集聚城镇人口的科学规划，导致城镇设施不足、人居环境恶劣，并引发了一系列公共卫生和公共安全问题。因此而引发的社会现象引起了一些有识之士的反思。一些企业家、规划师、建筑师，还有社会学家们开始探索这些问题的解决。如何建设兼具城市生活方式和乡村优美环境的"理想城镇"，成为问题解决的直接指向。这些理想城镇的建设既可以疏散大城市人口到周边小城镇，避免由于人口过度集聚所引发的"城市病"。当时较为著名的有一些项目，如阳光城（Port Sunlight）、伯恩维尔（Bourneville）、新爱尔斯维可（New Earswick）等，这三个项目皆旨在建设一种工业时代的新型小镇，展示工业、生活、小镇有机结合；在城镇的设计规模上，这些小城镇基本控制在 0.5—0.7 平方千米内，人口规模控制在 4000 人左右；在建成环境方面，绿荫道、开敞空间和花园住宅取代了兵营式密布的集合住宅。这些小镇的环境宜居，成为当时探索的成功代表。

19 世纪末，英国社会活动家霍华德提出"田园城市"理论，并在其著作《明日，一条通向真正改革的和平道路》中将田园城市界定为"城乡综合体"城市田园城市的概念及其背后的社会改良思想，相当长一段时间内深入地影响了英国政府的城乡规划主流理念。

2. 新城开发解决战后矛盾

19 世纪后期，在城市中卫生条件，工作区与生产区、商业区及住宅区混合在一起等等问题愈发突出，文明与城市之间的关系矛盾重重，城市既被视为文明之地，双被视为危险之地；因此而引发的对新城市的探索成为城市发展的主流方向。20 世纪中叶，经历了二战，英国当时面临战后重建、住房短缺的问题，大批退役军人还乡无居所，当时的小城镇成为战后重建和承载人口的重要空间载体。同时，战后的技术条件，特别是钢筋混凝土为开发其他建筑方式提供了种种便利，城市渐渐成为一种技术物品。

在一些官员、专家的建议、主持下，以伦敦为核心的轰轰烈烈的建设新城运动开始了。主要目的在于疏散人口和产业，使人民有良好的居住环境。英国的小城镇发展，都是有一些优越的条件，这些优先发展的小城镇区位条件优越，产业基础较好，资源丰富，如利兹、伯明翰、谢菲尔德等小城镇。

新城的建设不仅提供了大量的工作就业岗位，随着相关立法、规则原则及支撑政策的制定，极大地促进了英国战后的经济社会发展。1945年至1970年25年间，英国共建成34个新城，共容纳了180万人口，提供了逾百万的工作岗位。较为知名的例如哈罗（Harlow）、朗科恩（Runcorn）、米尔顿凯恩斯（Milton Keynes）等。有学者认为郊区新镇建设是英国战后最重要的城市政策，其发展经验现在被广泛地用于世界城市规划和建设领域，为战后世界范围内的城市规划理论和实践的发展奠定了重要基础。英国把发展好的小城镇可以再发展成新市镇，所以英国形成了一批至今仍很有活力的新市镇，这同样是部分小城镇发展的趋向。

3. 时代发展促进了内城振兴

无论是城市与城镇都是为了人而存在并由人组成的，因此城市与城镇的形成与发展离不开人类社会发展这个大的背景。

20世纪60年代起，随着英国经济结构的转型，其作为制造业中心的全球地位和市场份额大幅下降，相应进入了全面的产业结构调整阶段：一方面，制造业的比重大幅下降，服务业比重极速攀升，生产性服务业逐渐替代第二产业成为国家经济的支柱。另一方面，在制造业内部，新兴产业的发展强烈冲击了传统产业，电子、新型材料、精细化工、航天等技术密集型制造业逐步取代钢铁、煤炭等传统工业部门。产业重构和传统工业的衰退导致除大伦敦和英格兰东南部以外的大部分城镇出现了就业萎缩、人口流失、经济社会发展停滞等问题。而这一冲击对那些依托工矿发展起来的、产业经济结构相对传统单一的小城镇尤为"致命"，资源开始向功能更为复合、人口规模更大、抗风险能力更强的大城市集聚。

为应对城镇的普遍性衰退，20世纪60年代末，英国政府开始实施"城市计划"（Urban Programme）和社区发展项目（The Community Development Projects），并于1972、1978年先后颁布了《内城政策》和《内城法案》，这标志着英国城镇发展的主流政策正式从支持新城开发转向内城振兴。英国政府自上而下对内城、城镇中心的一揽子支持政策，避免了英国小城镇的迅速衰退和消亡。

4.区域主义思潮下的区域整合

受到欧洲"区域主义"思潮兴起的影响，自1997年英国工党重新执政之后，主流的城乡规划思想转向通过区域协调发展带动城镇节点的整体增长。1999年，英格兰成立了9个区域发展办事处（Regional Development Agency，以下简称"RDA"），中央政府的部分权力被下放至这些办事处，使之成为管理区域经济发展和振兴事务的准政府部门的公共机构。

2004年，英国政府决定由英北三个RDA主导，投资290亿英镑，通过该计划的实施来促进英北经济和社会发展。计划中包括了交通、就业、住房、土地利用和空间模式等多方面的内容。基于规划范围内不同的发展背景和经济水平，该规划聚焦在8个城市—区域，这些城市—区域居住了英北90%的人口，集中了高于区域90%

的经济活动，其增加值总额的增长率是英北其他地区的 1.5 倍。

城市—区域发展战略的导向的确对大都市圈范围内或大城市边缘的小城镇发展具有较强的促进作用。由于小城镇房价更低、教育质量和社区设施水平更高、犯罪率更低、环境更宜人、具有独特的历史文化积淀等优势，其吸引力在逐步提升，在历经上一阶段人口减少后人口再次增长。

二、美国小城镇建设发展模式

美国是个高度城镇化的国家，到 20 世纪中期，基本完成了城镇化建设。美国 85% 以上的人口都在城市里，全国 50 个州 3043 个县，35153 个市、镇（村），基本达到城乡一体化、城市化。而美国的小城镇建设中很重视规划的作用，实际上这也是英国小城镇发展过程中积累下的宝贵经验。

1. 移民推动了城市化

正如前文所述，城市与城镇的存在是因为人的存在，同时也是为了人的发展。在西欧城市化进行了很长时间后，美国还是一个乡村国家。美国在 19 世纪初地多人少，但随着大量的移民的涌入，在带来了发展的资金同时，美国的农业和工业同时也得到了飞速的发展。1864 年美国成立了移民局，发布各种政策并下达各种措施，目的就是不断吸引国外移民的加入。当时的移民以北欧和西欧的移民为主体，这些移民在涌入美国的同时也把欧洲先进的技术带入了美国。这就相当于，美国收获的不仅是人力资源，同时也获得了不用付出任何代价就得到的技术，极大地满足了城镇化的需要也推进了城镇化的进程。19 世纪末美国大城市建设迅速发展，在东部地区以纽约为中心；同时，随着工业化的飞速发展，产业在空间上的不断聚集，交通运输网络的完善等等都极大加强了美国东部与西部之间的经济往来，最直接的后果显现出来——东部地区的城市化成果与模式不断向西部地区推进。到了 1920 年，美国城市人口的比重超过了农村人口，达到了 51.2%。

2. 小城镇化建设发展受到市场经济影响

如前文所述，美国的城镇化建设是建立在移民引入及工业化的基础之上的，这种城镇化发展依靠的不是政府主导的大规模基础设施建设，而是依靠市场经济的推动。从 20 世纪 30 年代开始，小城镇人口的比重显著上升。人口的聚集地为建设提供了大量的劳动力，而同时这些私人企业也投资兴建了大量的交通设施，这样就直接地为小城镇的发展提供了基础设施保障。也正是有了这些交通设施的建设，小城镇也实现了与大城市的联系和贸易往来。小城镇的农业初级产品，也通过被收购后的再加工，形成新的农业产品，然后销往各个城市。这样的一个过程进行下来自然地带动了小城镇的经济发展。在大都市如纽约、洛杉矶等城市的边缘，逐渐形成了一系列有特色的小城镇，他们以第三产业服务业为基础。美国在 1930 年之后，城市化呈现出两个显著特征，一方面大的城市成为核心与邻接地域组合在一起，经济联系更加紧密，形成大都市区；另一方面，城市城市人口郊区化，形成一些城镇，有的规模是中心县，有的规模是外围县。

回顾美国小城镇建设，大致经历了三个阶段，小城镇向小城市转化阶段、小城镇发展萎缩甚至停滞阶段、小城镇复兴阶段。如前文所述，许多美国小城镇在快速发展过程中，与大中城市一起构成城市群共同发展，围绕大中城市布局，使许多地区的大中小城市逐步形成密集的城市群带，从而形成了完善的城镇体系。美国的乡村人口不断向城市集中，但是速度已经放慢了，大部分开始流向小城镇，创造了很多就业机会，所以小城镇在就业中发挥重要的作用。美国各种类型的城市和小城镇，不仅在历史文化和市容市貌上各不相同，在产业发展方面也各具特色，这成为美国小城镇发展的特色和基础。在大都市和乡村地区的中间地带形成了一些独特的郊区小城镇，他们距大都市都有几个小时的路程，但因交通等基础设施相对完善与发达，因此可以为大都市补充所需资源，如波士顿城市以及周边的小城镇就属于这种类型。这些小城镇有的以农副产品加工、储存为经济支柱，为大都市提供生活所需的农副产品，有的小城镇建立一体化的农业生产加工基地，既可以种植农作物，又可以对其加以采集并继续进行加工，形成了农业深加工链，从而为大城市提供完善的农产品供应体系，极大地促进了区域经济的发展。

三、德国小城镇建设

德国的小城镇星罗棋布。德国大中小城镇在城市化进程中得以均衡发展，进而形成一种城乡统筹、分布合理、均衡发展的独特模式。小城镇一般距大中城市 0.5—1 小时的车程，面积一般为 50 公顷，人口在 3000 左右。在德国，几乎有 1/3 的居民生活在 10 万以上人口的城市里，大部分人生活在人口为 0.2 万—10 万人的小城镇里。德国这种人口分布特点既得益于中小型城市完善的基础设施，又与德国完善的法制体系密切相关。

1. 政府主导，全民参与

德国大型的基础设施都由政府主导而建设。德国是联邦制国家，实行三级管理制度，对于政府的职责有着十分清晰的规定。德国的城镇建设规划是以空间规划为主体的，由联邦政府和各级地方政府构成。联邦政府负责统筹，包括全国范围内规划的目标以及规划的标准，且就各地区的发展状况来调整规划实现的进度和整体布局，根据各地的风俗、地质条件进行系统的全方位规划。随着人口从农村大量涌入城市，加剧了城市人口的膨胀，政府便加大了对城镇的建设力度，旨在提高农民生活生产的水平，并通过一系列农业法的颁布确保了发展城镇农业的地位。通过相关措施保护农业用地不会被工业用地占用，保护农产品价格的稳定，加强管理体系的建设，为农业的投资发展提供良好的环境。

在地方政府进行规划的同时，公众也会参与其中。德国的规划不仅仅是停留在公众参与的层面，而且还有完善的机制和法律保障。如果不遵守程序规定，公民可以对规划方案进行起诉，在证据确凿的情况下，法院会判定规划无效。如此，虽然在一定程度上延缓了规划编制的时间，但是规划听取了公众的意见，在一定程度上反映了大多数人民群众的意愿，从而保证了规划的严谨性、科学性，有利于在实施过程中避免规划意见不统一带来的一系列问题。

公民通过这些形式积极地反馈出对于规划的一系列建议，共同参与规划草案的编制工作。对于国家投资的农业项目建设，政府承担大约70%的费用，剩下的费用由农民个人承担，一方面减少了国家投资的负担，另一方面，农民通过农业生产建设，提高了主观能动性，也确保了农业生产投资的体系化建设。

2. 城镇建设和农业生产并重，古典与现代相结合

在德国城镇化的建设过程中，流淌着社会文化和思想意识的血液。城镇化建设必定要在一定程度上对自然环境进行改造。"德意志森林""自然崇拜"等意识深深植根于德国的城镇化建设，并且为德国的绿色和平运动提供了充足的精神养分，也为后代留下了优美的

自然景观。先进的科学技术的运用确保了城镇建设和农业生产的完美结合，也形成了一种独特的人文农业的建设，不仅提高了农业生产者的生活水平，也为观光农业的发展创造了便利的条件，形成独特的城市特色，实现了自然与科技的完美和谐。

德国历史悠久，是人文主义思想的发源地，为城镇的建设留下浓厚的人文气氛。"一切艺术之母的建筑"的运用，将古老与现代在德国的城镇中完美地融合在一起。德国保留了 2 万多座古堡宫殿、传统园林等建筑，置身其中，人们感受着德意志历史的缩影和文化精髓。德国人民通过自己的智慧把古典建筑和现代文明有机地结合在一起。

3. 便捷生活，有序管理

德国在规划建造上更加贴近公众的生活需要，基础设施完备，充分考虑到各类人群的需求，如残疾人的无障碍通道等，各种各样的功能性建筑的合理布局，为生活在城镇的人们提供了最便利的服务。整个城市几乎看不到警察，公共建筑物无须监控的摄像头，居民家中也没有防盗网，人们生活在一种和谐的气氛下。在城镇中闲逛，看不到乱搭乱建，乱涂乱画的现象，保护公共资源的思想深入每一位居民的心中。建立完善的生活服务体系，也是保证物价水平的一种有效方式，通过先进的管理模式，建立相关的农产品展销会，为消费者购买新鲜的农产品提供方便，也有利于农业生产者获得投资，从而保证了城镇消费的稳定增长，不会因为管理不力等造成对小镇发展的不利影响，从而促成了城镇便捷生活体系的形成。

4. 村镇建设注重自然美

德国的村镇建设做法主要体现在四个方面：一是政府高度重视村镇改造和建设，颁布了一系列保护农业用地、保护农产品价格的法规，加强管理机构、管理队伍的建设、完善村镇建设的投资机制，加大政府的支持力度，形成了比较均衡的城镇结构体系；二是优先考虑基础设施和社会服务设施的建设，为改造村镇的居住环境，提高村镇居民生活的舒适度，政府十分注重基础设施、社会服务设施的建设和各种公益事业的健全完善，且这些建设资金大部分来源于国家补贴和乡镇的税收；三是注重单体设计与整体景观协调，德国村镇的特点是村落建设与自然巧妙地融合在一起，之所以能够如此，主要是靠村镇改造规划和设计的调控作用，德国的村镇建设是建筑设计在统一中寻求特色，在突出特色中满足规划的统一要求；四是注重环境建设和保护古建筑。

四、日本小城镇建设发展模式

日本是位于亚洲大陆东岸外的太平洋岛国，东临太平洋，西北与中国、俄罗斯相望。日本国土面积狭小，人口众多，资源匮乏，但随着经济与科技的发展，日本也逐渐找到一条适合本国城镇发展的道路。

日本的小城镇发展是在较高水准上逐步推进的，经过从 1945 年到 1965 年的发展高峰期，小城镇的数量基本趋于稳定。20 世纪 50 年代后期至 70 年代中期是日本城市大发展时期，农村人口尤其是年轻人大量拥入大城市，形成了东京、大阪和名古屋三大都市圈，吸收了全国几乎一半的人口，出现了严重的"城市病"。这个时期的城乡差别加大，小城镇不仅没有发展反而萎缩，形成了农村地区人口过疏问题。20 世纪 70 年代后期，政府制订了大量法律，包括《过疏地区活既法特别措施法》《半岛振兴》《山区振兴法》等，加大村镇基础设施的建设力度，以疏散人口、促进农村发展。至 20 世纪 80

年代中后期，日本村镇的基础设施水平已和大城市基本持平；同时，政府采取了一系列政策措施，鼓励人们返乡工作。

1. 大中小城镇综合发展

日本把小城镇的发展纳入大中小城市发展之中，这是日本小城镇得以稳步发展的途径之一。日本的《整备计划》中纳入了大约108个农村小城镇。在政府出台的优惠措施和大都市的长久拉动下，小城镇都有了长足的发展。如群马县大泉镇，工业品上市额从1995年的8296.8亿日元（100日元约合8.11元人民币，2012)增加到1998年的8417.6亿日元，跃居镇村前60位排序的第一位。类似的城镇还有很多，足以说明此项政策对城镇发展具有拉动作用。

2. 颁布城镇建设法

日本制定和颁布了土地开发和城镇建设的相关法律，将城镇建设的进程法律化。在推进城镇现代化建设的过程中，根据建设的实际情况，每隔10年左右的时间，对关于城镇建设的法律进行一次修改，以满足现代化建设的需要。日本的法律对于城镇建设目标有着十分明确的规定，以确保建设任务保质保量地完成，并对城镇建设者有着鼓励和限制的双重功能，以避免建设过程中出现不必要的问题。无论内阁如何更替，都必须承认和遵守法律规定，这是保证城镇化发展稳步推进的重要基础。

3. 政府公共投资基础设施建设

与许多欧美城镇的基础设施建设不同，日本是通过政府扩大公共资源投资，主导城镇建设的发展。日本政府的支出主要包括政府的消费和公共建设的投资，政府的投资大约占国内总支出的15%—20%，而且总金额逐年加大，在1950—2000年，50年间投资年均增长约为12%.城镇基础设施的不断完善，极大地促进了企业的入驻，拉动了当地的经济发展，并在人口逐渐增加的同时提供了大量的就业岗位，加速了城镇现代化的发展进程。根据各地城镇的发展情况，因地制宜地发展现代化城镇，也为城镇设计了未来的发展方向，提高了日本国内生产的密集率和生产率，节约了建设成本，进而为整合高效的科学化产业提供了物质基础。学校的大量建设也为小城镇建设注入了新鲜的活力，1950—2000年，教育投资猛增3443倍，足以说明日本政府对教育的重视程度。此外，日本还通过培养城镇建设的相关人才，为城镇发展储备了大量人才，保证了城镇建设的持续力。

4. 日本特色的农业发展

日本在小城镇建设中十分注重运用地方资源，创建特色城镇。20世纪80年代初，大分县就已发起了"一村一品"运动，强调本地特色产品的生产，其中既包括农产品，也包括文化和旅游产品等。以大分县的汤布院镇为例，该镇充分利用丰富的自然资源，在保持原始形象的基础上，开发特色鲜明的旅游活动和旅游贸易。汤布院镇有铁路、国道直通县首府，交通发达，温泉资源丰富，是大分是"一村一品"运动的典型案例。日本国土面积相对较小，从而导致大部分城镇的规模不大，然而随着日本经济的发展，人口数量的急剧增加，粮食问题也日益应重。在此背景下，以高新科技带动农业城镇发展刻不容缓。城镇在发展高新科技农业方面具有劳动力资源丰富，工业占地相对较小，耕地面积相对广阔的优势。随着各级政府的大力推进，日本农业的新技术发展日趋完善，比如覆膜滴灌方式的优质柑橘栽培技术、节省劳动时间的单性结实茄子新品种、夏季和秋季收获的优质草莓栽培技术等，实现了在有限的时间内创造出更加优质的农产品。加之对于新技术的推广力度，全国范围内的城镇农业生产逐步走向以科技为导向的现代化农业发展道路。

5. 发展村镇缩小城乡差别

日本建筑界目前面临着三大难题，一是人口老龄化问题，二是中小城镇及农村地区人口过疏问题，三是旧区改造问题。而这三大难题在小城镇表现得尤为突出。20 世纪 50 年代后期至 70 年代中期是日本城市大发展时期，农村人口大量流向大城市，形成东京、大阪、名古屋三大都市圈。这时日本的城乡差别加大，小城镇没有发展反而萎缩。70 年代后期政府反过来开始进行农村的基础设施建设，至 80 年代中后期，全国村镇的基础设施水平已和城市基本持平。政府鼓励人们返乡工作。日本东北部的山形县小国町，现有 1.1 万人口，面积 738 平方公里，97% 都是山林，远离大城市，周围是山，有三条河通过，是"孤立"的小城镇。1955 年人口 1.8 万人，之后沿海地区发展了，人口被吸引过去。当地政府为了本地的发展开始搞规划，找特色。在投资水力发电、兴办工厂之外，还大搞特色旅游和旅游农业，开发自然旅游资源，吸引城里人来度假。当地还辟出一部分山地让城里人自己种、自己收获当地特产的山菜。

日本在开发建设小城镇中，注意保护农民的收益，对农产品实行限产，对价格实行保护价。日本国内的水果、蔬菜、大米等价格都相当高，农民从事农业的收入不比城里人差多少。这样一来，城乡差别进一步缩小，一、二、三产业协调发展，小城镇的住宅及各项建设就能做到协调一致。

6. 旧区改造保持传统风格

在小城镇旧区改造时，注意保持传统风格。如在奈良附近有一个古镇寺内町，在改建时就保存完好。此外，日本小城镇建设也有先天不足之处，那就是土地私有制与生俱来的缺陷。由于土地私有，使旧区改造非常困难，"钉子户"非常难拔，极易形成不完整和支离破碎。由于土地私有，使不同户主建筑面积互不相连，浪费土地，每栋建筑交通占地面积过多，建筑使用面积系数很低，浪费严重。

五、韩国小城镇建设发展模式

与中国同处于东亚的韩国，有着相似的文化背景及地理环境，韩国在小城镇建设方面也做出了一系列努力，相继制定和实施了一系列专项事业。20世纪60年代后，绿色革命给发展中国家的小城镇发展带来了活力，但是以乡村综合开发为核心的小城镇建设是在70年代后。

韩国的行政区划大部分沿用了古代的行政区域名称，分为三个层级：第一级为道（8个）、特别市（首尔特别市）和广域市（6个）及特别自治市（世宗特别自治市），类似于我国的省级区划；第二级分别为市、郡及区，相当于我国的市县和区；第三级为洞、邑、面，通常"洞"对应城市地区，相当于我国的街道，"邑"对应镇，"面"对应乡，本书研究的小城镇为韩国的"邑面"地区。

1. 新农村运动

20世纪70年代，韩国政府发起了以"脱贫、自立、实现现代化"为目标建设新农村，增加农民收入，缩小城乡差距，韩国小城镇建设"新村运动"模式。大致可以分为连个阶段，1970年到1973年，主要是打基础阶段，政府提倡新村精神，改善农村新环境；城镇的培育阶段是1974年到1976年，主要改变了小城镇落后的生活环境，培育小城镇的自主生产能力，发展多种经营，增加农民收入，从而缩小城乡之间的生活水平差距。到了20世纪90年代后，韩国政府继续投资小城镇的发展，大力发展农村工业，进一步提高农民收入。首先以改革居住条件修建公路、改良农牧业品种为基础，调动农民建设家乡的积极性。其后迅速向城镇扩展，发展成为全国性运动，开始大力兴建各种公共设施。在发展畜牧业、加工业以及特产农业的同时，积极推动农村金融、流通和保险业的发展。到了年代末，农村的经济收入与生活水平已接近城市水平，初步实现了农村现代化和城乡一体化。[①] 韩国的新农村运动通过开发创业精神、改善生活环境、增加居民收入，使韩国经济基本走上了良性循环发展道路。通过开发创业精神、改善生活环境和增加收入三位一体的新农村运动，韩国很大程度上解决了农业发展缓慢、城乡收入差距明显扩大和农村人口无序流动问题，使得韩国经济基本走上良性循环的发展道路。

2. 针对"邑面"开展各种培育事业

自 20 世纪 70 年代韩国就开始致力于"邑面"的建设培育，政策的侧重点也随着"邑面"的发展和实际需求变化而不断革新转变，主要分为三个阶段：（1）1990 年以前，韩国政府主打"邑面"培育事业，对"邑面"的开发以政府为主导、改善"邑面"地区的生活环境为主，目的是缩小与城市之间的差距；（2）1990—2012 年，"邑面"的培育方向主要是居民生活环境的改善和文化福利服务的提供；（3）2012 年以后韩国政府主要致力于通过"邑面"建设，以其为据点为其周边的村落——特别是边远村落提供服务，并以此来吸引居民定居"邑面"。

这些针对"邑面"开展的专项事业，都是专注于小城镇的基础环境，如新村运动、定住圈开发事业、山村综合开发事业和小城镇培育事业等。

---

① 李水山 . 韩国的新村运动 [J]. 中国改革 . 农村版 ,2004(4):56-57.

从 20 世纪 70 年代开始，为了防止"邑面"地区继续衰败，韩国政府展开了针对性的培育事业——"邑面"培育事业。"邑面"培育事业的区域被定义为"邑、面中在 3 平方公里以内，或城市规划区内现在或预计今后五年内居住人口达 3000 人以上的区域"。此项"邑面"培育事业经历了四次开发，目标是培育农村中心，均衡城乡发展。四次"邑面"培育事业政府的投入和支持力度越来越大，成效也越来越好，一直到 2012 年，大大改善了"邑面"的基础环境和经济水平。

自 2007 年开始，韩国政府同时开展了"邑面"所在地的整顿提升事业。主要是为了解决人口过度向城市地区转移导致的"邑面"人口流失问题，通过改善"邑面"所在地的公共服务和生活宜居水平，提高其作为节点的功能，提升周边居民的生活质量，从而留住人。如开展了面所在地的村落综合开发项目，促进了地区活力，提升了居民生活质量，但建设效果一般；也开展了"邑面"所在地的综合整顿项目，从项目实施效果上看，基础设施、交通道路、文化福利设施（图书馆、村落会馆等）、运动设施、城市景观和传统市场等均得到了较好的建设或改造，一定程度上提升了居民的生活质量。前期的"邑面"培育建设政策多以政府为主导，自上而下的开发为主，在实施过程中居民的参与度很低，致使最后的实施效果均有所欠缺，且普及率也不高。因此，韩国政府在 2015 年开始了新一轮的中心地开发事业。中心地开发事业的主要目标是在"邑面"中心增设或更新各类公共服务设施，增强"邑面"中心地行政、文化、交通、贸易等功能，提升对周边农村地区的服务能力。中心地开发事业的参与者主要为"邑面"管理团队、"邑面"居民、项目管理团队和市郡政府，各自承担不同的角色。

第二节 国外小城镇建设的实践经验

国外小城镇建设最早始于欧洲，发达国家把提高小城镇生活质量作为一种全新的价值观，注重小城镇建设规划指导和协调作用，重点突出小城镇的整体综合服务功能，把发展村镇建设作为稳定乡村人看到战略措施；发展中国家注重绿色规划方面的建设，把小城镇的生态环境与人工环境结合起来，然后进行规划，充分体现了环境舒适性、经济性、生态型、安全性以及持续发展性原则。国外小城镇经过200多年的漫长发展，积累了丰富的实践经验和发展理论。

一、规划是小城镇建设的首要问题

小城镇建设注重规划方面的工作，从国外小城镇发展形成的历史来看，经历了两个过程，首先是生产力落后、分工简单的古代社会。小城镇的发展处于自发状态，随着社会进步、生产力发展，小城镇的发展受到了人类规划的控制。规划的内容包括：人口发展、土地开发利用、市政建设、产业发展等。发达国家小城镇建设中注重规划管理，以规划的手段来控制建设用地，保护了农业的持续健康发展。

国外小城镇建设规划总结经验的有几点：城市与乡村必须协调发展；小城镇建设的规划应当在区域指导下进行；在规划小城镇建设中要十分重视交通条件的作用；小城镇规划要注重突出个性，科学规划，符合实际要求；小城镇规划要同经济发展相结合，不仅能体现技术性，也可以体现一种公共政策。

1. 法律保障规划的实施

小城镇规划的眼光必须长远，小城镇规划大约都有十几年的跨度，这种跨度与稳定性是通过法律的形式加以保障。发达国家普遍采用法律手段对规划的实施进行约束，防止人为原因或其他因素对其干预，影响规划的持续实施。澳大利亚的城镇规划一旦在议会上表决通过，就形成地方法律，由议会监督实施。如果实施过程中需要调整，任何人无权擅自更改，必须由议会讨论通过后方能修改。美国的城镇规划一经通过，就具有法律效力，如需改动，除遵循一定的论证程序外，还必须经市民重新审议通过。

2. 重视"公众参与"的作用

国外小城镇规划都是由政府主导逐渐转向公众参与，自下而上、具体的公众参与。比如美国公众是可以参加城镇规划的全过程，并设有许多机构，以保障民众能充分参与规划。如，由市政府组织的官对民机构"小区规划办公室"，不仅向政府提供相关信息和资料，也为市民提供规划技术服务。使得政府与市民就规划事项沟通顺畅。加拿大的公众参与通过"分散—集中—再分散—再集中"的方式，政府在制定城市规划时，首先要采集市民的意见，并进行归纳、整理。形成规划草案公之于众，搜集市民的反馈意见后再修改，最后将修改后的草案报市议会审议，经过公众听证程序得以批准。

二、重视生态环境保护及人居环境建设

1. 重视生态环境保护

国外小城镇建设注重生态环境的发展。在国外人们最关心的就是环境问题，在建设小城镇过程中，居民要求有安静的居住环境、新鲜的空气质量和休闲的散步空间，为了满足居民的这些要求，一

些国家展开了相应的环境建设，把自然环境引入到居民的生活中，特别注重道路和绿化的建设。如匈牙利的居民庭院里都有大大小小的花坛；澳大利亚居民差不多都有自己的庄园；日本大部分居民家里都养育花草等等。

充分考虑小城镇建设未来发展的潜力，为小城镇以后发展留着足够的空间；考虑生态环境的保护。许多发达国家不仅环境优美，而且景色宜人，这是因为他们在规划过程中注重生态环境的保护。德国几乎所有小城镇中的花园总面积占该城的1/3以上，这样既可以美化小城镇花园，还可保护生态环境。

2. 以创建宜居小城镇为目标

国外小城镇建设顺势而为，重视人居环境建设，创建生态宜居的绿色小城镇。许多国家小城镇大部分都是绿树成荫，富有历史底蕴，而且也不存在雷同的小城镇，德国小城镇建设最具有代表性，不仅具有自己的城镇个性，整体的生态景观也十分优美。

小城镇建设不能忽视小城镇的管理工作。国外许多小城镇建设的很有秩序，管理非常严格，而且有许多的成功经验。在小城镇建设过程中，政府要明确自己的组织、领导和管理责任；要建立相应的管理机构，从事小城镇建设的管理工作，深入到基层开展工作；一些国家在小城镇建设过程中，培养和弘扬民间互动的精神，积极倡导民众参与管理，美国就有许多邻里互助的组织，协助政府参与居民管理；依据法律管理小城镇建设事业，不能只靠政策引导、道德约束，还需要一些具有约束力的法律手段，规范居民的行为。

三、市场与政府同时作用促进小城镇建设

1. 基础设施建设是主要矛盾

小城镇建设要有完善的基础设施，这样才能吸引人口聚居，招商引资。完善的基础设施和公共服务是保障居民生活的基础，也是居民长期定居的必要条件之一。小城镇的建设不是面积越大越好，而是在于创造一个方便、舒适、优美的环境。现在许多国家的小城镇不仅具有畅通的道路和电信设施，而且还具有完善的污水、污物处理设施。国外也十分重视教育问题，创造好的条件让儿童上学，一些国家还实行免费上学的教育。小城镇是城乡结合的关键，它为农业活动提供了市场、加工工业和储存设施，也应该提供文教、医疗等设施，还应该为农村剩余劳动力提供就业的机会，建立正规和非正规的设施，为周围农村服务，随着经济的不断发展，小城镇的基础设施和社会服务也相应要提高，才能满足居民生活的需求。美国政府对教育投入很大，财政收入的一半都投资在教育上，特别是县级政府；德国小城镇的医疗系统和教育系统在某种程度上比大城市都有完善，吸引了大量的人口聚居；积极开展各种环保活动，提高居民的环保意识，运用法律、技术、规划等手段，构建有效的环境治理体系，有效改善了小城镇的人文和自然环境。

2. 引入市场机制建设

由于基础设施的公共物品属性，发达国家的基础设施建设主体主要以地方政府为主。然而小城镇建设要通完善财政管理体制，不断创新制度改革，实施以政府为主导，鼓励民间资本参与基础设施建设，形成政府与民间资本共同建设的格局。形成多方参与，筹措小城镇的建设资金，多元化的城镇投资体制。如美国小城镇建设投

资主要由联邦政府、地方政府和开发商共同承担，其中供水厂、污水处理厂、垃圾处理厂等由州和小城镇政府负责筹建，资金主要来源于税收，政府也会在必要时采取发行债券的办法来筹集建设资金。

小城镇建设重视人才培养，增加对教育投入，因为城镇建设需要大批的优秀人才，小城镇建设要培养自己的特色主导产业，充分挖掘绿色小城镇的潜力，外国一些小城镇本身就是围绕着企业发展起来的，主导产业可以带动小城镇的经济发展，也可以解决小城镇的人口就业问题。我们要因地制宜地培育绿色小城镇的主导产业，增强绿色小城镇可持续发展的能力，带动一些新的产业发展，进一步促进绿色小城镇的发展。

国外小城镇发展的模式，对于我国都有可借鉴之处，所谓"他山之石，可以攻玉"。在小城镇建设的道路上，各个地区从自身的实际情况出发，选择具有中国特色的小城镇发展模式，不管采取何种模式，我们都是为了加快小城镇建设的步伐，推进城镇化进一步发展。小城镇建设是社会经济发展和生态环境保护的全面发展，发展绿色产业，开辟新的产业空间，小城镇建设要走可持续发展道路，不断满足居民的需求。

第四章　乡村振兴战略下的小城镇发展技术选择原则

本书采用价值论的路径，分析小城镇建设新目标所内涵的价值，剖析这些价值与传统城镇化的价值不同，认为这恰恰是实践中产生问题与矛盾的原因所在。由此形成新的评价标准，作为技术选择的价值基础，符合小城镇建设重点技术领域选择的根本原则，以支撑小城镇建设这一实践活动的目标实现。也就是说，小城镇建设的进程中需要建构价值评价标准，为重点技术领域的选择找到路径。

第一节　乡村振兴战略下小城镇建设价值主体扩展

在我国小城镇建设的实践道路上，不论从何种意义上说，价值的主体只能是广义的人，而不是物、神或者其他生命。但因小城镇建设自身的典型特征，建立新的技术支撑系统，构建价值体系，依靠科技创新实现可持续发展，这些决定了价值的主体不仅仅是个人或泛指的人类，应该包括各种社会集合形式，如群体、社会组织、政府、个人、人类。人的社会地位、需要、利益、能力上的各种差异，使得主体价值形式的表现具有多样性。本书在进行研究时，根据小城镇建设的发展目标，将价值主体进行划分，从农村人与城市人，当代人与后代人，个体与群体几个层面来对小城镇建设的价值主体进行扩展，以此确立小城镇建设的价值主体体系。

对小城镇建设的价值主体进行扩展，以此确立小城镇建设的价值主体体系，所有价值主体利益的统一才是小城镇建设进程中主体需求的满足。主体价值的实现，我们所说的"化"人，内涵不是单纯指的农村人口城市化，最根本的目标应是消除城乡差别，消灭城乡二元化，没有城市农村的区别，人在农村也能安居乐业。

一、农村人与城市人的利益统一

城市外扩、乡村自身发生变化，我国的城镇化进程中新城镇的产生主要是基于这种途径实现的。我们对农村人与城市人的主体区分，是随着主体的发展、时间的流逝、社会的变迁不断发生变化的。城镇化的进程中，人口是不断发生变迁和流动的。大量农村人涌入城市，在城市生活、工作；也不断有城市人因为对乡村环境、安宁生活的向往，逃离城市；我们对农村人与城市人的定性是将户籍地作为了评价的标准，但居住地的变化，使得主体进行实践的客体的范围、具体的实践活动都会发生变化。因此我们在讨论农村人与城市人的利益差别及如何统一时，必须要注意这种人口流动带来的主体利益复杂的变化。

1. 农村人与城市人利益冲突表现

国外有很多学者探讨城市的失序与秩序的重建问题，国内有更多的学者探讨城乡冲突问题，问题之所以存在，是因为关乎不同类型主体的利益,而这些主体的利益又存在着冲突。本书研究的农村人与城市人是根据我国户籍制度定性的,而并非居住地,在城市工作、生活的农民我国有一个特殊的称谓"农民工"。本书要探讨的城镇化进程中长期累积的城乡二元结构形成的固化的利益格局,对农村人与城市人利益造成的影响及产生的冲突。

我国的城乡差距体现为收入水平、消费水平的差距。城镇化使一部分农村人变成城市人,但却是变成城市贫困居民。一次性买断、土地补偿使得城镇化进程中的农村人成为城市人,但同时失去未来的生活出路,又回到了艰苦生活的原点,造成二次贫困。农村人变成城市人,身份转化的同时并没有伴随着意识的转化。外在变了,而生存的竞争力并没有及时提升。城市人更高的人均收入,伴随着更高的消费入平,也给资源消耗带来更大的压力。一方面城市人享受美好环境、过着更舒适的生活,另一方面伴随着农村人生活环境的恶劣、生存空间的狭小。究其根本,利益冲突的根源不是城镇化本身,是政策、是措施、是法律制度、是意识。正如我们前文分析的那样,如果城镇化还是沿袭我国传统城镇化那样的方式及特征,城市飞速发展,乡村快速衰落,城乡二元化加剧,城镇化只是建筑的城镇化,农村人只能承担城镇化带来的恶果。那么,农村人与城市人只能永远是泾渭分明的两类人群,无法实现人的城镇化,这显然不符合我国小城镇建设的诉求。

2. 实现农村人与城市人利益统一

城市是大规模生态足迹和温室气体的重要制造者,噪声、污染、贫困,城市化对城市人产生了极大的困扰,但城市的发展使农村彻底成为竞争的"输家",人口的流失、服务供给的减少、失业,使得中国的乡村从根本上都失去了竞争的资格和机会。那么我国小城镇建设目标之一就是要解决这些传统城镇化遗留的问题，将割裂的农村人与城市人的利益统一起来，使得户籍再无法成为判断人幸福与否及生活质量的标准。

任何社会群体需求的满足都不应以牺牲部分群体利益为前提，这是实现农村人与城市人的利益统一的基础。从社会的角度，住房、失业、异化、民族等问题影响了不同人群对物质利益与精神需求的统一；从环境角度，无论是现在的大部分城市，还是原始乡村，都不是以可持续性发展为目标的城镇；从城市建筑角度，环境、文化、美学都需要纳入考量的范畴；多方力量合作是实现城市乡村可持续发展的必要条件。一系列的配套制度需要建立及改革，如户籍制度、城镇行政管理体制、土地制度、农民工市民化进程等相关配套。小城镇建设更注重提升人的发展能力，可以通过大力推进农民工待遇的平等化，建立统筹城乡的社会保障制度，形成良性支撑经济发展的技术体系等各种具体方法与制度来实现。但需要明确的是，在解决农村人与城市人利益存在差别这一问题上，依靠的不是解决农民进城问题，也不是使所有农村变为城市；而是实现消除农村与城市之间区别这一最高境界，那么如今讨论的流动人口的迁移、户籍制度、社会融合等问题都将不复存在或发生质的变化。因此本书认为小城镇建设不是单纯的实现城市的发展，而是加以乡村自身的振兴，这一观点也恰恰符合了我国城镇化的最新实践方向，两个方面同时进行才将从根本上实现对人存在价值角度无差别的城镇化。当然，也要兼顾现有情况下的具体问题，如进城的农民城市化的问题，乡村衰退问题等。这一根本解决的途径不是一下子就能实现的，因此要分阶段、分层次进行。

二、当代人与后代人的利益统一

人类社会的发展与存在，必然导致对所有资源的利用与开发，进入 20 世纪这个问题愈发突显，人类对资源的消耗以前所未有的速度加速着，对资源的过度开发和利用成为全球性问题。依据目前的开发力度，现有资源特别是再生能力较弱的资源，将被开发殆尽，再也无法满足人类的需求。因此，国际上都开始关注这个问题，尝试找到一条可持续发展的道路。

1. 当代人与后代人利益冲突现状

在我国未来的城市发展主要趋势城镇化这个大背景下，可持续发展问题涉及当代和后代的诸多需求，这个问题在我国传统城镇化的过程中已矛盾突显。世界环境与发展委员会发布的"我们共同的未来"报告中，对可持续发展定义里强调了一点："人类有能力让发展可持续，是既满足当代人的需要，又不对后代人满足自身需求的能力构成危害的发展。"在此理念下发展的范式是必须要考虑人们的任何行动对未来的影响，社会公平、国家内部及国家之间资源公平分配、解决发展与环境之间的矛盾。

当代人与后代人利益冲突的根本来源是资源的缺少，这种自然界资源不发生变化，而人类无限繁衍和发展，这本身对整个地球的自然界来说就是一种不公平和考验。这个问题的现实性，强迫人类必须思考和解决这个问题，否则就是无法摆脱的困境。当代人与后代人具有不可分割的社会关系，后代人是当代人的子孙，当代人是后代人的行为代言人，两者的利益却在城镇化的过程中产生了一系列的冲突。价值的表现是复杂的，具有多层性、异质性，对于当代人来说是好的、有益的，对后代人就可能是坏的、有害的。当代人希望通过自己的努力不仅满足自己的美好生活，也希望为自己的子孙的未来生活打下基础。因此在我国传统城镇化的进程中，当代人将致富的目光锁定在既有的资源上，目标是实现土地、树林、矿山等公共资源的利益均沾，无序开发、过度开发的局面到处存在。更为严重的是，很多研究表明我国缺水与高耗水情况并存。失去理性的对资源进行开发和占有，殊不知这种行为似竭泽而渔，会造成后代人利益的极大损害。另一个方面就是环境的污染，生态的破坏为后代人的发展留下隐患。当代人在城镇化过程中，造成的环境污染并非仅对后代人有影响，对当代人除了可见的影响外，学者们还发现环境污染内在地影响城镇化发展。有学者将城镇化综合指数作为期望产出，将环境污染作为非期望产出，经过实证研究发现城镇化效率水平如果忽略环境污染将高估真实城镇化效率水平，环境污染是效率损失的主要原因。当代人的短视，已经不需要等到后代人来承受后果，如果自尝苦果也可以成为一种使得代际公平可以得到重视的途径，那么当代人作为环境污染的承受者也具有了一定的意义。

2. 实现当代人与后代人利益统一

后代人作为主体的缺失，只能将当代人作为执行者，而当代人对价值客体的需要，随着主体自身的变化和发展，价值在性质或方向上也会发生变化。可是却无法从后代人的生存权和发展权考虑问题，真正做到代际公平。社会的发展是连续的，对资源代际分配问题的认识，是人类在发展过程中对自身行为不断反思的体现，怎样将这种连续性保持下去实现可持续性一直是当代人必须积极思考且有实际行动加以保证。

价值具有时效性，作为价值主体应该理性地分析价值的表现形式，主体的利益的满足应该用系统性的观点来看待。当代人作为城镇化的主体，不应把"眼前的""急需的"利益的满足作为城镇化发展的目标，持续性的需求，兼顾后代公平的利益满足才是城镇化的正确路径。"公平"就要求公众参与城市发展规划，不能只由设计师、政府、少数人做决定，公众参与是保持当代人之间公平的重要形式。那么怎么实现当代人与后代人的代际公平呢？仅仅依靠当代人的公德心进行伦理约束，或是依靠当代人的代际公平意识恐怕无法得到完全保证。代际的权力之所以不公平，是因为后代人没有找到合适的代言人。事实上，如今都是当代人是后代人的代言人，这就相当于当代人既是球员又是裁判。所以有学者曾经探讨过，寻找一个后代人合适的代言人是解决代际公平问题的关键，分析现实社会，既对当代人有较强的约束性，又能够建立当代人与后代人的联系，符合条件的只有制度。本书认为代际公平的问题不仅仅是制度能够解决的问题，一方面利用科技创新带来的对新能源的开发和利用，另一方面代际公平意识的确立、伦理道德的规约、社会制度的约束、法律法规的强制等共同作用，来尝试实现真正的代际公平，实现当代人与后代人利益的统一。

三、个体与群体的利益统一

人是认识的主体、实践的主体也是价值的主体，那么人又可以区分为个体与群体。群体从社会学角度来讲指的是由一定的共同利益而联系在一起的人群集合体，如果将群体看作是哲学范畴，则属于认识与实践的主体范畴，反映着社会关系和社会活动的某种状态。不论个体与群体是多么的不同它们是不能分离的，它们始终相互依存，因为他们的"质"是相同的，都属于同一类事物；个体与群体是相互依赖而存在的，群体是个体的集合，没有个体就没有群体。

事物的发展虽然由两条线索构成，但有主次之分，个体确定事物的质，而群体是量的表现。在小城镇建设进程中，我们可以将主体分为个体与群体，社会是群体，地方政府也是由个体组成的群体，职业团体也是群体，不同的民族、家庭都是群体，只是各种群体的层次大小各不相同。

1. 个体与群体的利益冲突

人的主体意识因主体的变化而变化，城镇化进程中个体与群体的利益冲突主要表现为如下几个方面。

个体与地方政府的利益冲突。如前文所描述的那样，传统城镇化进程中地方政府承担着区域城镇化的重任，并且城镇化率是他们的政绩的考量。地方政府作为群体，用最快的途径和方法吸引投资，实现土地扩张的城镇化，为地方政府带来了政绩及财力，将乡村发展为城镇或实现城市的扩张，快速地完成财富的积聚。当地的老百姓作为个体的利益被忽视、蒙蔽，环境污染、就业困难、城市千篇一律；而地方官员作为个体的利益更多地表现为受益者，政绩带来的升迁，充分的地方财政带来的灰色收入甚至是违法收入；而从长远及发展的观点来看，无论是老百姓还是政府官员作为个体的利益都在这种冲突中被不同程度地牺牲了。而地方政府作为一方"父母官"，必将承受个体利益损失带来的群体利益的损失，因为群体是由个体组成的，城镇化资源、能源的浪费，环境的污染，给这些城镇带来的发展硬伤是群体利益的极大障碍。

个体与企业的利益冲突。企业的非规范发展及短视行为的存在是造成个体与企业利益冲突的主要原因。企业的发展确实推动了经济的发展，为城镇化带来发展的动力。但企业存在的最大目的是利益最大化，特别是在我国改革开放的发展过程中，制度的不完善、法律的不健全、发展理念的不科学及企业内部或主导部门个别领导的短视行为都极大地促进了企业及老百姓的利益冲突。例如，环境污染的治理及根除往往伴随着企业利益的损失，停产、环保设备上马都需要付出经济代价，这时老百姓个体的利益就被企业远远抛在后面。

个体与社会的利益冲突。社会是由个体组成的最高层次的形式，相对于整个社会这个群体而言，个体是城镇化中的农村人、城市人、当代人、后代人。中国传统城镇化的快速发展，依靠的是大量投资与土地扩张，半城镇化、土地城镇化的说法被人们所接受。在这样的一个过程中，城镇化率成为整个社会要实现的最高目标，农村人可能在这个过程中失业、失地，城市人可能在这个过程中失去原有的生活，当代人被环境污染困扰，后代人面临资源、能源的严重匮乏。个体的利益在与社会利益发生冲突时会被人的社会属性迅速消弭，但社会是由个体构成的社会，个体利益的缺失必将反作用于社会。

2. 实现个体与群体利益统一

小城镇建设实现"化"人的目标，本书认为化的不仅是个体的人，同时要实现各种群体的城镇化，家庭的城镇化、社会的城镇化，群体也是由个体组成的，企业与各种群体在城镇化的发展中也要实现与个体利益的统一，这些都与我国小城镇建设的总体目标不谋而合。需要重点强调的是，虽然按照哲学的观点个体与群体是相互依赖、相互依存的两部分人，但因个体与群体力量对比的悬殊差异，每当两者之间的利益发生冲突时，利己主义就会起到极大作用，首先被牺牲掉的往往是个体的利益，而个体利益的损失再反作用于群体利益。那么实现个体与群体利益的统一，需要个体与主体同时作用。

个体与群体利益需要理性地协同在一起。将个体与群体利益放在同样重要的层面，理解个体与群体利益的相互作用与相互依赖的关系，将此作为判断利益得失的理性前提。比如，让个体的居民和其他利益相关的群体尽早参与到小城镇建设的规划中去，并根据他们的参与结果调整规划。规模较大的城市与较小的城市及城镇在增长和融资需求上有不同的利益关切，不应以牺牲一部分城市的利益为基础而满足另一部分城市的需求。

并且同时要规范群体，保证个体与群体利益的统一。对群体进行规范，实质上规范的是群体中的个体，确立一定的思想、行为准则，每个成员必须遵守的已经确立的共同观念、价值标准与行为准则，建立统一的标准，群体的成员就会产生标准化的判断。群体规范有确立的理念与制度形成个体行为标准，在城镇化进程中，群体与个体利益发生冲突时，应该做什么，不应该做什么就有了一定的价值标准。

第二节　小城镇建设的客体价值目标

实践主体不断变化，需要客体的发展能够满足主体需要，满足主体需要的程度越高，价值就越大，主客观之间又是相互作用的。主体与客体之间需要从关系思维的高度来把握。小城镇建设这一实践活动中，对于诸多类型主体来说，客体需要满足其各种需求，实现城镇的可持续发展。本书将我国新型城镇化这一实践活动的客体限定为主体进行城镇化实践时被纳入主体实践活动的所有客观事物。对一个城镇的质量进行评价，可以有很多的视角。本书将新型城镇化的客体对于满足主体不同层次需求的角度，来设定客体的价值目标。三要素构成的小城镇建设价值客体目标所示，新型城镇的居民的社会生活应该是和谐的，他们的生活空间必须适宜人的居住，而在这样的新型城镇中经济的发展是适度的，既能满足人民美好生活的需要，又能实现经济与环境发展的协调。这三要素的一些要求是相互影响和制约着的，并存在着一些矛盾，因此实现三者间的平衡，解决矛盾，是实现价值客体建构的关键。

一、小城镇建设需社会生活美好

城镇是各种文化和社会背景的人共同生活、体验、享受民主的直接场所，并构成这个城镇的社会生活。客体不一定是非人，小城镇建设进程中实践活动很多对象客体是人。在社会内部，人和人互为主客体，并且每一个人也都有"自我主客"关系。生活质量是社会追求本最高目标，在小城镇建设进程中，对于社会生活要加以界定，并确立社会生活质量的目标，对生活质量的关注是现代社会的基本特征。

1.小城镇建设中社会生活的界定

社会生活是满足主体存在的各种客体状态，新型城镇居民的社会生活是在小城镇建设"新"特征背景下的客体系统。因此，本书界定的社会生活应该属于狭义的社会生活，根据满足主体的不同层次，我们把主体在城镇化过程中进行实践活动的社会生活划分成三大类。

第一大类是满足人社会生活基本需求的要素。包括自然条件、城市用水、人均收入、人均消费、通货膨胀率、每平方米住宅房价、工作机会、医疗保障、教育体系、便利的交通体系等等，这一大类要素存在的目的是满足居民生存的基本需求，也是人的社会生活的基本需求。这一大类的要素不是新型城镇居民社会生活的独有要求，它们适用于各种环境及背景下人生存所需求的条件。

第二大类是尊重人的精神幸福并产生归属感的要素。这一类的需求比第一大类要高一个层次，但是又必须以第一大类要素为基础才能存在。在这一类中，要为居民提供良好的社会基础设施，促进对人的多样性的融合。提高人的满足感及城镇的舒适度。例如，土壤和土地消耗、城市废弃物、城市毗邻区情况、城市绿化、花园城市建设、城市内野生动物保护、废物处理、适合老年人居住的社区、满足购物、运动、休闲甚至是宗教活动需求的活动场所、宽带覆盖率，体育活动指数，百万居民拥有餐厅和酒吧数量等等。

第三大类是实现人的可持续发展，追求更加美好的生活的要素。这一社会生活目标与前两者比起来是人类追求的更高的一个目标，虽然与共产主义还有一定的差距，但却是古今中外追求的"和谐"目标的有力表述。例如，环境保护指数、气候指数、生态网络、电磁污染、声污染、室内污染、对当地文化的保护、绿色城市或生态城市的建设目标、生态规划、可持续发展的社会管理等等。

这三大类人们社会生活的要素是人类生活追求的三个层次，特别是第三大类各大要素是我国未来小城镇建设追求的人类社会生活的高级目标。

2. 社会生活美好的质量目标

人类社会生活必然产生对社会的需求，对于城镇人、城市人的社会生活，城镇、城市的发展最大限度的满足人的生活质量，是每个城镇、城市发展的总体目标之一。社会生活的基本形式总是包括衣食住行、休闲娱乐、生老病死等，随着科技的发展和生活的多元化，也在不断地丰富和发展，领域在不断扩大，但都是围绕着基本形式进行的。这些社会生活的基本形式反映着人类社会的基本问题，为了满足人的社会生活质量，小城镇建设的进程中，前文所述的三大类要素最终要有一定的目标作为解决这些问题的方向，并且作为评价美好社会生活是否实现的评定标准。

这些要素的统一标准应该是能够最大限度地减少对人类健康的损害、最大限度地增加精神健康和社区归属感、最大限度地尊重人文背景、创建一个良好管理体系、最大限度地增加可持续发展意识。保证居民轻松、健康和可持续的生活方式。社会环境、经济环境与自然环境共同作用影响着社会生活的质量。交通网络的重新设置遵循减少私家车依赖、减少污染排放，同时配备合理的公共交通。这样不仅能为老人、儿童、残障人士提供更安全、便捷的出行环境，还能为城镇居民的身体健康、减少患病概率做贡献；甚至可以因步行或公共交通增加与人偶遇的概率，提高居民的区域认同感。能源、自然资源的管理是满足和谐社会生活的基础条件。可靠的、可再生的、对环境安全的获取能源的方向，是城镇商用和民用都存在需求。获取太阳能、利用自然风发电，实现城镇的自给自足。利用可利用的技术，制订一系列的措施，对城镇的暴雨进行管理，采用节水设备，控制资源的使用。

二、小城镇建设需生活空间宜居

对于"生活空间"这一概念，有学者曾经就研究的方向将其分为两大类，一类是将生活空间理解为静态的居住空间，为人类提供居住环境；另一类是将生活空间理解为生活活动空间，是动态的日常活动空间。

本书认为在小城镇建设这一大背景下，研究和要实现的关于生活空间的目标，既包括居住空间又包括活动空间，并且小城镇建设要实现的是城市生活空间与乡村生活空间"质"上的统一，具体的形式可以各不相同，但要满足农村人与城市人利益的统一。

1. 小城镇建设中生活空间的结构

如果说生活空间中居住空间有固定的表现形式的话，那生活空间中的活动空间就需要各种场所和设施为依托，在空间中流动存在。2012 年获得经济学人智库《最佳城市排名及报告》竞赛的优胜者，建立了一个评估城市空间指数的系统"空间调节的宜居指数"，强调将绿地空间、城市扩张、自然资源、文化资源、对内联系性、对外联系性、城市污染七个指标加入评价系统。这一生活空间指标的构成充分考虑了可持续城镇发展的总体要求，但同样需要注意的是对生活空间判定的标准并不是唯一的。

就生活空间中的活动空间进行研究的话要从建筑规划及设计层面进行，活动空间是居民工作、生活、消费、休闲与社交的空间。前文所描述的小城镇建设需要打造和谐的社会生活的各项标准，新型城镇的生活空间我们可以按照城镇内部和城镇外部来进行划分，城镇内部土地、住房、基础设施、内部交通和公共空间；城镇外部涉及与外部其他城镇的相对位置及自然资源的分布。生活空间需要在城镇建成之后体现，建设生态城市是我国小城镇建设的发展趋势。在活动空间内减少空气和噪声污染，降低交通意外伤害风险；紧凑分布的住宅及绿地有良好的可达性；为居民提供更多地休闲娱乐公共空间，不失为提升活动空间的有效办法。

而就生活空间中的居住空间而言，居家的内部环境、周边服务设施化及与周边居住单元的分异情况，这些都是影响居住空间的因素。与住宅的建造、建筑物内部与周边的设计都密切相关，如果再细划分的话，居住空间内的社会群体、不同社区居民的生活空间差异性特征、社区归属感、居住空间满意度与居住偏好等都包括在居住空间的范围内。节能、节水、节地，又满足居民对充足阳光和日照的需求的建筑物，朝南建筑主动利用太阳能，这些要素对居民的居住空间需求的满足至关重要。

2. 塑造宜居的生活空间

本书提出的小城镇建设的目标是消除城乡二元化，终极目标是没有城市与乡村的区别，那么小城镇建设的新城镇的空间建设与老城镇的空间改造应该同时进行以达到目标的满足。小城镇建设最终是要建设可持续发展的城镇，打造居民的有质量的美好生活。每一个城镇的独特的形象和传统的特色，都可以通过生活空间展现出来。如同城市、城镇都要有标志性的地方建筑，城镇的生活空间的塑造既要回应当地的环境，又要运用可持续的设计思想和策略，还要最终相对于居民这个价值主体要落到"宜居"上来。

首先，土地管理要遵循可持续发展理念。开放绿地对环境和居民的幸福感至关重要，因此新土地规划及开放绿地的管理显得尤为重要。城镇要有开放空间，即完善的绿地系统，能将自然元素和循环过程纳入城市肌理，创造良好的景观格局。同时，废物管理及处理工作也是非常重要的。废物需要有效管理和合理处置，无效的管理会引发严重的公共健康问题甚至污染问题。

其次，生活空间的实现对公共空间有极大的需求。为日常生活提供有吸引力的生活空间和宜居是前提条件，公共空间的格局还要满足认知度、连通性。最大限度地减少土地需求（特别是绿地），最大限度地减少初级材料和初级能源的消耗量，优化城市和区域的物流联系，最大限度地减少对自然环境的损害，最大限度地尊重自然环境，最大限度地减少交通需求。

最后，采用生态规划理念，利用新的技术体系来建设未来的城镇。坚持可持续发展的原则，对城镇进行规划，与小城镇建设技术体系里面的其他技术综合使用，实现居住空间与活动空间同时发展的生活空间。而城镇发展的模式往往与自身规模密切相关，我们把提高城镇的经济表现、改善它的环境、树立它的独特形象、突出城镇的文化特点作为城镇可持续规划的原则。

三、小城镇建设需经济发展适度

在十九大报告中，李克强总理强调了中国经济运行保持在合理区间的重要性，并且特别指出民营企业的税收占半壁江山，对城镇新增就业的贡献率也达到了 90%；而小城镇建设中农民工就业是实现化人的重要内容。稳定的社会经济是城市居民和管理机构以积极方式获得自信的源泉，它不仅可以改善居民的生活质量，更会提升城镇的竞争力和创新发展能力。那么到底经济如何发展能够满足小城镇建设的需求，经济结构、类型应该做哪些调整和规划？

1. 小城镇建设与经济发展相互作用

在我国当前这样一个经济新常态状态，经济发展放缓，改革又到了深水区的特殊发展阶段，小城镇建设与经济发展两者之间是谁也离不开谁的关系，即相互依赖，但在一定条件下又相互制约。只有明晰两者之间的特殊关系，才能对小城镇建设进程中如何发展经济做出一个正确的判断及选择，才能实现经济发展与小城镇建设共赢的目标。

早在十八大会议上，李克强总理就将小城镇建设作为我国经济发展新常态下推动我国经济发展的主要动力，拉大内需、扩大就业成了主要目标。对于小城镇建设对经济发展产生的促进作用，有很多学者也加以了论证。小城镇建设水平的提高能够促进经济发展，但是我国目前各地区的小城镇建设与经济发展的耦合协调度并不一致。有研究表明，2012 年中广东省在全国各省市中小城镇建设与发展的耦合协调度最高，甘肃省最低；其中北京、天津、上海三省市属于小城镇建设发展相对于经济发展滞后型，而其他 28 省市属于经济发展相对滞后型。各地区发展不平衡的外在表现，内在隐含着小城镇建设与经济发展协调水平的差距问题。有学者将定性分析与关系图描述相结合分析得出结论，小城镇建设对于经济发展来说起到正向促进作用，并从消费渠道、投资渠道、出口渠道影响着经济的发展。同时，经济发展又可以为小城镇建设提供经济基础。小城镇建设目标提出了对小城镇建设发展内在质量的要求，单一的产业结构，粗放式的经济增长方式只能像传统城镇化的历程中一样给城镇化遗留下必须解决的矛盾和问题；小城镇建设需要以经济发展为基础带来的大量就业、生活空间的改善、生态的绿色化等等这些目标的实现。可以说我国粗放式传统城镇化留下的问题有很多是我国粗放式的经济增长方式造成的。只有转变经济发展理念，为我国经济发展重新进行合理规划，才能与城镇化形成互补的正向促进作用。

2. 经济发展需要规划达到"适度"的目标

在前文，本书将我国传统城镇化发展的特征进行了归纳。在我国快速的城镇化进程中，以土地扩张、大量投资作为主要手段，房地产行业和制造业得到了极大的发展，民生、服务行业远远落后。形成了我国城镇化经济发展的一系列问题，农业发展薄弱，工业化进程缓慢且代价昂贵、造成严重的环境污染、经济秩序失衡。问题得到解决，矛盾得到缓解是城镇化发展的必要方法，经济如何运行、三个产业部门在经济发展中的关系、信息化的应用、企业的生产组织、经济发展与环境保护如何兼顾等等，这些也如同城镇的发展一样是需要进行合理的规划的。

过去我国经济发展的"高速"模式，已经在改革开放四十多年的实践中利弊皆现。对经济发展的"适度"要求成为必然，中文中所谓适度是指事物发展的程度适合，马克思主义哲学中认为事物由量变到质变是突破了"度"。那么经济发展的"适度"标准，根据马克思主义哲学中对度的阐述，经济发展需要在一定的范围内进行，超出了这个范围就发生了质变。本书认为，所谓"适度"指的是经济的发展目标是实现可以提高城镇活力，创造更多的服务业和制造业就业机会；并且应该限定在一个范围内发展，既要体现每个城镇的生活的传统，也要培养居民符合可持续发展要求的生活方式和意识，避免因当前不合理的规划而给子孙后代造成的转移资本。

实现"适度"，不超出度的范围，需要对经济发展进行规划。首先就要将经济发展方式进行改变，由原来的以工业经济为主，转变为围绕着小城镇建设各项目标的城镇经济为主，以改善民生和调整结构为目标，以技术创新为动力，辅以相关的配套措施，才能推动经济发展，使得经济发展方式向质量、高效转变。其次，需要考虑产业结构的调整，为经济增长带来新的动力。在互联网大背景之下，很多新技术的出现带来一些新的行业的兴起，同时也伴随着一部分行业的没落。人工智能促进了我国信息化产业的发展，各种新材料新的农业技术的出现带动了我国农业特色化的发展，传统工业也在各项新兴技术的夹击下选择了新型工业化道路。我国的第一、二、三产业的结构调整，为小城镇建设、新型工业化、农业特色化、信息化的统筹发展带来了新动力和可能。最后，注重不同地域的经济增长特征，实现多元化、抗风险的区域经济。区域经济质量的改善和提高的必然结果是经济的发展，而在小城镇建设进程中，不同地区的城镇化进程不同，经济基础也不相同，各地区的原有产业结构也不相同。不同地区的经济模式也不必相同，多元化是各地区经济发展的路径；充满本地区特色能够抗风险的经济发展模式是区域经济的更高模式。

第三节　基于实现小城镇建设目标的价值评价标准

价值评价是人们对价值客体表现出来的一种态度。小城镇建设现在和将来在中国的发展，人们对其进行评价会通过观念、情感、意志、语言、数据、指标等各种形式表现出来。那么对于小城镇建设自身及发展过程中的事实及影响，我们应该依据怎样的价值尺度进行评价呢？

本书已经明确了小城镇建设的建设中，价值主体是农村人与城市人、当代人与后代人、个体与群体，评价的主体以小城镇建设的实践为基础考察这种实践活动中的自我与之形成的价值关系，来对小城镇建设的价值进行评价。客体主要分为了社会生活、生活空间、经济发展三大方面。

将依赖于小城镇建设发展过程中的客观存在的不依赖于价值评价者主观意识的价值事实，尝试建立相对客观的评价标准，符合主体的本质、存在和内在规定性尺度，并以此评价标准为基础进行小城镇建设的技术选择，使得小城镇建设能够实现最终的目标。但此价值评价标准是否能够客观、公正地实现技术体系的建构，都还需要实践的检验。

一、社会价值评价标准——和谐

本书对社会价值评价标准的建构基于的是小城镇建设人们的社会生活状况，把评定范围限定在城镇化后实现的不同主体的社会生活。在不同的社会形态、不同的国家、民族，由于政治、经济、文化、历史背景不同，人们追求的目标也不尽相同，同样的目标所起的作用也不相同，居民对社会生活的满意度是关乎社会价值建构的关键因素。将"和谐"作为小城镇建设社会价值评价的标准及目标，那么此标准所包含的内在规定即具体是什么呢？

1."和谐"满足价值主体的需求

"和谐"自古以来就是人们对社会发展的一种美好追求，按照马克思主义理论，和谐是各种矛盾达到统一、平衡的一种状态，而不是没有矛盾。对社会价值评价标准的建构，是来自人的生存和发展并同整个世界相联系的。

价值和价值观念都是具有主体性的特点，事物有没有价值，有多大价值？要根据主体的具体情况来做分析。国际上对城镇质量相关评价体系有很多，但多数都是以特定的某一个方面的质量为视角对世界各国城市进行评估和排名的。例如，根据联合国人居中心（UNHABITAT）编制的城镇发展指数（CDI）由生产能力（城市生产能力）、基础设施（供水系统、排水系统、供电系统、电话系统）、废物处理（污水处理、废渣处理）、健康（预期寿命、儿童死亡率）与教育（识字率，联合招生率）五部分组成，共涉及 11 个指标。和谐的内在尺度应该是由价值观、世界观和方法论构成的，是社会主体的存在方式及其条件的自觉反映；这些既能够最深刻最全面地反映社会主体的根本利益和需要，也是同主体的客观价值标准最接近的意识形态。

人的需求是多层次的，其中包括价值主体的欲望、动机、需要、兴趣、信念等多个方面，最核心的是主体的目的、利益和需要。不同的主体目的、利益和需要在不同时期是有差异性的，但在小城镇建设实现的过程中，对于小城镇建设的社会价值的评价，从主体的角度出发，需要满足前文所描述的三大类别需求的表现形式。追求的是农村人与城市人、当代人与后代人、个体与群体的利益与需求的统一即最终达到——和谐的目标，不同的主体对生活质量提升，对经济发展的需求，对个体权利的追求，在尊重彼此的基础上是达成价值共识的方向。同时需要强调的是，小城镇建设社会生活和谐，允许不同主体生活存在差异性、多样性，并在相互尊重的基础上实现共同的目标，展现有特色的和谐社会，这也是小城镇建设"化"人的内涵所在。虽然这一目标的实现需要一个过程，但基于时代的新特征，兼顾价值主体利益与文化传统，辅以社会制度规范，是实现和谐的必要保证。

2.小城镇建设是社会"和谐"价值的体现

小城镇建设社会和谐是一种理想状态和追求的目标，也是社会主义优越性一种体现。但和谐是需要不断的协调才能达成的一致，社会的资源与资本充分调节在城镇化过程中参与建设，实现人们有尊严的生活和发展。社会和谐作为一种价值观，应该起到引领小城镇建设道路的作用，并且成为技术体系建构的基础及评价的标准，以期实现价值理性对技术理性的超越，这才是人类对技术使用的正确打开方式。"和谐"应该表现为满足三个方面的需求：

第一，和谐是满足所有人物质生活需求。和谐是城市与乡村资源的合理分配前提下的，所有人都同样享有便捷高效的生活。适度的经济发展、广泛的就业机会、优质的教育资源、城市基础设施与乡村基础设施的一致、住宅设计合理、便利的交通、充分的健康医疗配套等等都能得同样的保证。

第二，和谐是实现所有人的精神幸福并产生归属感。这一类的需求比第一大类要高一个层次，又似乎没有第一类那么具象，却是人类生活幸福的更高层次的需求，没有这一方面的和谐就不是人类社会存在的真正的"和谐"。要从满足生活舒适度、居民满意度、美学质量、休闲、运动、娱乐、宗教等方面的需求角度入手，百万居民拥有博物馆、科技馆、大剧院、广场、公园、餐厅和酒吧的数量，宽带覆盖率，体育活动指数，等等这些都是实现这一方面和谐的重要指标。

第三，和谐是实现可持续发展。既包括个体人，也包括自然界和人类社会，可持续性是保证"和谐"存在的前提，是追求更美好生活的基本要素。从这一角度我们要考虑的问题应该具有系统性和全局性，城镇化不应该仅指城市人口的增加，过多的城市人口最终只会对城市的发展带来交通、环境等各方面的问题，利益直接受到损害的还是城市人。因此政府、社会、经济应当形成一个保证城市可持续发展的系统，治理体系完善、法律法规充分、经济发展适度，人民才能实现社会生活长久的和谐，否则必将导致各种矛盾的对抗性爆发。

二、生态价值评价标准——绿色

人类研究生态价值，是基于生态系统的服务功能，有学者认为从自然范畴来看，自然生态系统不反映任何主客观关系，根本不属于价值概念的范畴，因此研究生态价值不可能在自然范畴内，只能是放在人类社会系统和自然生态系统的整体关系中进行研究。

基于此，本书研究生态系统的服务功能产生的生态价值，不是指自然界生态系统，而是把生态系统置于人类社会及与其相互作用的人工自然与天然自然之间；生态价值的客体承担者是环境，是城市，是生活空间。

1. 生态价值评价标准的建构

在人类历史上，人与自然的关系不断在发生变化，从畏惧到征服，再从受到惩罚到和谐相处，人类作为主体的优越感在自然的力量面前终于实现了客观的认知和判断。因此人类开始思考生态系统以及生态价值的相关问题，有学者把生态价值界定为一个历史范畴的概念，认为随着社会发展会发生变化，但主要是资源的价值问题，它的存在也可能是间接表现出来的。也有学者从价值论的学术框架来研究，认为生态价值是以自然环境为核心的价值关系，生态价值既可以指生态系统及其要素的价值，也可以是与生态环境有关的价值。研究生态价值，客体需要对主体具有价值意义，才能够建立评价标准，但追求的与客体生态系统之间的终极意义应该是建立在和谐基础上的"绿色"标准。

生态价值是由生态系统内在性质决定的，系统内各要素之间的相互作用形成的规律决定了生态价值的基本属性和尺度。生态价值研究的对象是广泛的资源，但本书是以小城镇建设这项人类实践活动为背景，并且生态价值的表现有可能是直接的，也可能是间接的，因此将生态价值研究的对象限定为人与自然环境，人与城市，人与生活空间之间的相互作用和依赖。人与自然环境的平衡，是确定生态价值的主要因素这一，需要建立在可持续发展理念的基础之上；人类对自然资源的合理、顾及代际公平的开采和利用，保护一切自然资源与能源的再生和合理利用，城乡资源的分配公平，人与自然协调发展。人与城市的平衡，需要通过建设节地、节能的城市格局，利用现代科学与技术协调城市系统与自然的关系，最大限度地减轻城市的生态负担，实现人、自然、环境融为一体的城市生态系统。人与生活空间之间的平衡，对于生活空间中的活动空间来说，拥有日常生活休闲娱乐的公共空间，拥有系统化绿地空间，实现满足可持续发展的交通、社区网络，并与周边的地区可以实现融合；对于生活空间中居住空间而言，绿色建筑是有助于环境保护、人类健康和长期的经济效益共同实现的一个必然方向，利用可再生资源，促进环境的修复和可持续性的资源管理，营造舒适健康的绿色住宅都是建筑实现的目标。

2. 绿色是小城镇建设生态价值的体现

绿色发展是党的十八届五中全会提出的五大发展理念之中的一大发展理念，有学者认为从价值取向上看，习近平提出的绿色发展增加民生福祉的新举措，是将马克思没有明确的生态文明之路明确提了出来，是对马克思主义理论的丰富和发展。绿色发展理念的内在要求，小城镇建设的发展应该以人类对自然的尊重为前提，实现人与自然环境、城市、生活空间的绿色发展，而城市、生活空间的绿色发展的目的都是实现人与自然的平衡。

自然环境的绿色发展。如绿化覆盖面积、乡土树种所占比例、景观可达性等具体指标的实现，保护景观并可持续地利用周边景观，将其作为社会和经济的基础；自然系统、栖息地、物种的保护，为了达到最佳生物气候条件的空气交换系统，土壤和地下水系统的科学管理等等。

城市的绿色发展。是以绿色交通体系、完善的绿地系统、具有实现废弃物减量、回收和循环利用系统、绿色的基础设施、绿色节能建筑等等为手段，实现有可持续生活方式、城市形态紧凑、生物气候舒适、具有文化特质及社会多样性的城市。

生活空间的绿色发展是以绿色建筑为手段。采用如下的原则作为绿色建筑指导原则，重视资源保护，既节约又高效地利用资源，可以采用节能、节水技术，使用低能耗材料进行紧凑型建设；重视回收利用，回收废物制造商品，用废料建造房屋，利用天然材料发明可循环材料；善于利用可再生资源，如风能、太阳能等，通过所采用的技术建造绿色建筑；还要在建造绿色建筑的过程中，促进环境的修复和可持续性的资源管理。

综上可见，与自然环境、城市、生活空间的绿色发展密切相关的是相应技术的存在和发展，科学技术在实现生态价值绿色发展层面，起到不可替代的作用。

三、功效价值评价标准——智能

社会价值、生态价值的建构都离不开经济的发展，经济发展的状态、过程、成果怎样来评价呢？经济价值的评价也与社会价值、生态价值的评价标准密切相关，经济价值的评价应以社会价值、生态价值的标准为基础。但因经济价值评价标准的复杂性，基于小城镇建设要解决的主要矛盾，实现生产资源的最优配置是解决主要矛盾的必要途径，并且实现最佳的经济效益。

1. 经济发展适度需要资源配置的优化

在小城镇建设的进程中，资源不仅在发展中国家，在发达国家也一样存在着稀缺性。怎样在稀缺的状态下，能够实现小城镇建设的经济适度发展，实现资源利用的利益最大化，这实际上就是要解决资源配置的优化问题。即用最少的资源消耗，达到最佳的经济效益，促进经济的发展。

我国城镇化进程中经济发展主要遗留了三个方面的问题，粗放式经济增长以高投入、高消耗为主要特征；产业结构不合理，重二产，轻一产、三产；不同地区城镇化水平存在差异，经济基础各不相同。这些存在的主要矛盾决定了小城镇建设需要"适度"的经济发展目标，经济发展方式需要改变，以技术创新为动力；产业结构调整，为经济增长带来新动力；还要关注不同区域的经济增长特征，缩小差距。那么，以上三个方面的经济发展需求的实现都对技术创新提出了新要求，新技术新材料的出现和应用将为经济发展带来巨大的推动力，但离不开生产资源的配置优化。

经济发展方式的转变，需要用创新实现资源的最佳配置。创新产生经济效益的秘密在于经过生产资料和人力资源的最佳配置、生产过程的重新设计和组织，打开市场渠道形成生产能力，从而创造经济价值。这也是一个技术产业化的过程。技术的产业化通过技术之间的整合，最终形成完备的产业技术系统。产业技术系统各单元间的紧密联系，从而形成整体技术优势，促进技术的扩散，产生更大的经济效益。

产业结构调整，需要资源不断优化配置。过度依赖要素驱动和投资驱动的传统发展模式抑制了产业转型升级，产业升级的目的是使有限的资源能够从低效率产业部门转移到高效率产业部门，小城镇建设要改变对传统增长动力的过度依赖。包括过度依赖廉价劳动力的要素驱动，过度依赖房地产的支撑，资源与环境的消耗，以及财富的非均衡增长等。重二产，轻一、三产的产业结构有待调整，城乡一、二、三产业融合发展水平有待进一步提升。产业结构调整升级表面上看是不同产业所占比重的变化，实质上是有限资源不断优化配置的过程。

缩小不同地区的经济发展差距，需要政府选择适宜的资源政策。我国传统城镇化不同地区城镇化水平各不相同，不同地区的经济发展也存在着差距，甚至存在着区域间的冲突。经济学"梯度理论"告诉我们，优先发展区域发展到较高的经济水平时，会产生扩散效应，将一部分人力、财力和物力扩散到一些后发展到的地区，缩小区域间的经济差距，从总体上达到平衡发展。但是需要值得注意的是政府在做出资源选择政策时，需具有全局观，也就是说对优先发展区域进行重点投资的出发点不是这些区域的地方利益，目的是通过这种资源政策实现扩散效应，以便实现所有区域经济的均衡发展。

2. 智能是小城镇建设功效价值的体现

小城镇建设的经济发展需要以资源配置的优化为基础，进而实现用最少的资源消耗，达到最佳的经济效益。为了实现经济发展的这一功效价值，需要以最少的资源消耗，高效完成小城镇建设的经济发展目标，解决传统城镇化经济发展的遗留问题。本书认为小城镇建设功效价值的实现，应以人的生产智能、规划智能、建设智能、管理智能、城镇智能等等多角度、多层次的智能来界定。

智能本是智力和能力的总称，将其限定在人的身上。但是随着科学技术的发展，尤其是人工智能技术的产生，人类尝试通过由人类专家和智能机器组成的智能系统进行智能的制造，将原来人类自身不能完成的进行了扩展和延伸，成为人改造世界的有力工具。智能制造的实现使得人类生活更便利、工作效率更突出，在提高工作质量的同时也减少了成本，并大大促进了环保和节能。

智能在小城镇建设中的表现，要归纳为如下的几个方面。小城镇建设产业技术的发展；城镇基础设施智能化；包括水、交通、气等；城市规划和管理智能化，包括对城镇空间进行管理的城镇规划管理信息化、社会治理精细化等技术；城镇建筑智能化，专家系统、人工神经络、决策支持系统和多元化技术；城镇服务智能化，如智能医疗系统、无人驾驶技术等。

智能化技术是服务性技术，可以运用于所有的生产过程中，提高生产的智能化水平，智能化和工业化融合是人类社会两个重要发展历史进程的交汇。从社会形态演进角度看，其所引发的生产方式变革与生活方式调整正在构建智能社会发展新蓝图；从经济发展角度看，其所推动的资源配置方式优化与发展方式转变正在构建现代产业体系新格局；从工业发展角度看，其所催生的智能化技术装备、协同化创新体系、柔性化生产方式、集约化资源利用、精准化管理模式正在重塑新时期国家竞争新优势，也直接促使小城镇建设产业技术的升级。

实现智能的智能化技术要应用在城市规划、建筑设计、城市管理、服务、交通、医疗等等各个方面，可以说是覆盖城镇发展的各个方面，只要是智能技术能够涉及的。智能化技术发展的目的就是为了实现未来小城镇建设的终极发展目标，它贯穿于城镇化的过程中，它为实现人的美好生活无处不在着，因此前面提到的城镇综合规划技术、绿色环境技术都会有它的影子。智能化技术的运用将有效地提高小城镇建设的智能规划、智能建设、智能管理、智能生活，达到资源的最佳配置，实现功效价值赋予。

第五章　中国小城镇发展的技术选择
——以辽阳县为例

　　我国的小城镇建设自十八大报告提出发展至今，辽宁省辽阳市辽阳县一直在努力寻找自己城镇化的发展动力及突破口。回顾城镇化发展的历史，分析现实存在的主要矛盾，规划未来的发展目标，根据小城镇建设技术选择的原则，找到适合辽阳县实现小城镇建设的技术路径，是一个很好的突破口。

　　辽阳市辽阳县位于辽东半岛的中部，是个地理位置独特的地区，处于辽阳市和鞍山市之间，空间被分割成东西两片，南环鞍山市区，北拥辽阳市区。辽阳县东部山区占国土面积三分之二，以林地为主，铁镁矿产资源丰富，而西部平原占三分之一，以城镇和耕地为主。自"十三五规划"实行的五年中，辽阳县就对推进小城镇建设进程中的小城镇发展的技术选择从如下几个方面进行了推进。

第一节 利用规划技术加快城乡一体化

坚持统筹城乡发展基本方略，推进以人为核心的小城镇建设，合理划分城镇、农业和生态空间，优化城镇体系，健全城乡一体化发展的体制机制，构建新型城乡发展格局。到 2020 年，全县常住人口达 60 万人，城镇化率 50%。

一、推进三类空间合理发展

合理划定城镇、农业和生态空间。按照主体功能区要求，合理确定三类空间的规模、比例和布局，完善城镇组织、产业发展、公共服务、基础设施、生态环境保护等功能，构建"生态优先、集约开发、以人为本、统筹发展"的国土空间开发格局。

提升城镇空间。城镇空间是重点进行城镇建设和发展城镇经济的地域。以提高土地集约利用水平、优先保证生活空间为原则，严格控制乡镇建设用地，控制工矿建设空间和各类开发区用地比例，引导产业向园区集聚，推进城镇有度、有序合理开发，促进产城融合。

优化农业空间。农业空间是主要承担农产品生产和农村生活功能的地域。按照强化耕地和基本农田保护的原则，严守耕地保护数量和质量红线，全力推进高标准农田建设，加快划定永久基本农田。加快标准农田质量提升工程建设，逐步推进中低产田的耕地质量提升。稳步推进集中连片农用地整理，满足规模化、集约化农业生产要求，积极推动农用地流转。到 2020 年，全县耕地面积不低于 125 万亩，基本农田面积不低于 100 万亩。

保护生态空间。是主要承担生态服务和生态系统维护功能的地域。按照"保育为主、适度开发"的原则，加强林地、草地、河流、湿地等生态空间的保护和修复，提升生态产品服务功能。实行严格的产业和环境准入制度，严控开发活动，控制开发强度。对其中的禁止开发区域，划定生态保护红线，实施强制性保护。

完善政策配套体系。强化三类空间分区管控，严格执行差别化的财政、投资、产业、土地、农业、环境、应对气候变化等配套政策，实施各有侧重的绩效考核评价方法，完善生态空间的生态补偿机制，对位于生态空间的乡镇取消经济指标考核。

二、优化城镇化空间格局

构建新型城乡空间结构。按照"中心引领、东西联动、轴带集聚、城乡一体"的城镇化空间战略，引导人口实现农村向城镇转移、山区向平原转移"两个转移"，构建"一极、两翼、一轴、多带"的城镇空间格局。力争到 2020 年，实现农村人口向城镇转移 7.7 万人。

促进城乡"三个集中"。推进工业向园区集中，整合向阳工业区、兴隆工业区和刘二堡工业区建设辽阳县经济开发区，并将重点乡镇工业园区纳入工业集中区统一管理，实施"一区多园"管理。山区乡镇不再建设工业园区，积极推动山区乡镇通过招商引资、土地指标转移入股、就业人口转移等多种方式，与整合后的辽阳县经济开发区联合建园，推进农民创业园区等园中园，实现山区生态保护和经济反哺。推进人口向城镇和中心村适度集中，将县城、乡镇镇区（集镇）和中心村作为未来人口的主要居住地，按照"城中村融入、城边村并入、山区村调整、小村并大村"的思路，通过基础设施建设和公共服务投入，引导人口集聚和村庄建设，全县重点建设 25—

30个中心村。推进农业生产向规模化适度集中，积极引入社会资本，发展不同类型的农业产业化组织形式，推动多种形式的土地规模化经营。

三、推进城区"扩容提质"

加快建设"大首山"。提升南部向阳工业区产业规模，完善北部马伊新区服务职能，加快建设首山中央公园。重点推进城市跨越铁路向西拓展，建设兴隆工业区、首山现代农业示范区和城市生活服务区，进一步完善铁西地区道路、市政和公共设施，促进城市东西两片融合发展。争取开展刘二堡镇"扩权强镇"试点，加强同城市道路对接和基础设施共建共享，承载部分城市产业和职能。推进向阳工业区、兴隆工业区和刘二堡工业区联动发展，加强与鞍山北部产业带对接，构建南部产业发展带。

优化城市空间布局。统筹推进旧城改造、新区拓展和产业园区建设，形成"一轴、一园、四区"的空间布局。围绕辽鞍路城市发展带打造"辽鞍金桥"服务业集聚区，重点建设专业市场商贸区、汽车主题商业区、商业娱乐文化区、物流园区等主题片区。完善首山中央公园建设，打造成融生态服务、文化展示、游憩健身、商务休闲为一体的综合性公园。强化城市组团式发展，重点建设首山中央公园新区、向阳工业园区、兴隆工业集中区和现代农业示范区四大组团。加强组团间的生态隔离绿带建设。

完善城市服务功能。推进辽阳县博物馆、影剧院、美术馆、图书馆、文化馆、非物质文化遗产展示馆、首山风景区、辽阳主题文化活动广场等城市名片建设。推进大型商场、购物中心、特色商业街建设。实施城市亮化和绿化工程，推进辽鞍路、兴隆大街、人民大街等主要道路沿线景观工程，推进兵马河水系治理和景观建设。推动城市污染型工业向外搬迁和"退二进三"。加大城区保障性住房建设力度，着力解决农业转移人口住房问题。完善城市基础设施和公共服务设施建设，加强地下空间管理和开发利用，探索地下综合管廊建设、海绵城市建设。

推进老城区改造。争取国家资金支持，加快实施城市棚户区和老旧小区改造工作。实施老城区弃管楼和老旧小区巷道改造、社区办公用房改造改善、楼体外装修、景观亮化设施建设改造、清除道路两侧生活垃圾、电力及通讯线网清理等多项工作。

四、建设"特色小镇"

提升乡镇服务三农能力。加快乡镇教育、文体、医疗卫生、便民服务、就业指导、农业科技、产权交易等基本公共服务设施建设，提升社会事业发展水平，增强服务三农能力，带动广大农村区域充分享受城市文明。推进"万村千乡市场工程"，建设商贸市场，完善日用品、农资和农产品流通网络。

加快乡镇特色产业发展。挖掘乡镇历史文化内涵，发展民族文化、民俗旅游、餐饮住宿、中草药等历史经典产业。加快推进现代农业发展，延伸农业产业链，发展农副产品加工、商贸物流和休闲旅游等产业。坚持产业、文化、旅游"三位一体"和生产、生活、生态融合发展，实现"一镇一特色"。

完善镇区和集镇基础设施。高标准制定乡镇规划建设方案。采取政府投资、社会筹资、向上级争取政策资金扶持、市场化运作等多种途径，不断完善道路、自来水、污水处理、垃圾转运等基础设施建设。加大以集中治理"脏、乱、差"为重点的小城镇创卫力度。

推进镇区和集镇形象改造，体现传统民族民俗特色和品质，实现"一镇一景"。

五、建设"美丽乡村"

以村庄环境整治为重点，建设"环境整洁、设施完善、生态优良、传承历史、富庶文明"的宜居乡村。力争到 2020 年，在全面完成"宜居达标村"建设的基础上，建成一批"美丽乡村"。

加强传统村落、有价值的传统民居和古树名木保护力度。对有价值的传统村落、民居和古树名木进行全面普查，划定保护等级、保护范围，制定保护措施。围绕传统村落，制定保护和旅游开发方案。

加强村庄环境整治，完善农村交通等基础设施。实施碧水工程，全面整治农村河沟池塘，努力恢复河沟池塘自然功能，提高水体自净能力，积极探索符合实际的低成本、高效率的污水处理方式，完善农村生活污水处理设施。实施绿化工程，加强村屯、沟渠、河流水库、公路、园区、校园绿化，实现绿化全覆盖。实施净化工程，对农村垃圾分类处理，实行"户集、村收、镇运输、县转运、市处理"。实施厕所改造工程，取缔户外简易厕所，农户私厕进院，改造建设无害化厕所。实施畅通工程，对村内边沟进行清理、疏通，实现互联互通，村庄主要道路全部实现硬质化，次要道路及宅间路采用简易硬化铺设。实施亮化工程，推广太阳能路灯。实施美化工程，实行"猪圈、厕所、灰堆、柴草堆、杂物堆"五进院。

创新"美丽乡村"产业化路径。坚持产业先行，积极发展特色农业，走"一村一品"的产业化路径，宜林则林、宜果则果、宜畜则畜、宜花则花、宜游则游，同时将特色农产品销售与乡村文化旅游相结合,通过一、二、三产业的全面带动,增强乡村自我"造血功能"。重点发展种植养殖业、乡村旅游业、文化产业、农村合作经济、居家养老产业等五种产业发展模式。

创新农民主体、企业参与、政府引导的"美丽乡村"建设模式。鼓励工商企业和农业龙头企业积极参与"美丽乡村"建设,在示范村建设原料基地、加工基地,发展乡村休闲旅游,探索建立"企业+基地+农户"等生产经营模式,带动群众增收致富。探索企业进行整村开发建设经营、发展都市农庄、家庭农场等方式参与"美丽乡村"建设,鼓励农民利用土地承包经营权、房屋住宅使用权等入股企业,发展农业产业化经营和休闲旅游产业。

第二节 利用农业技术提升农业现代化水平

加快转变农业发展方式,积极构建现代农业生产经营体系、生产体系和产业体系,推动农业生产经营方式、生产方式、资源利用方式和管理方式转变,率先实现农业生产进入现代化阶段。

一、构建现代农业发展格局

以辽阳市建设国家现代农业示范区为契机,以转变农业发展方式为核心,重点突出"一区、两带"的农业总体发展格局,加快建设首山现代农业示范区、"黄刘线"现代农业示范带和山区特色林果业产业带。力争把首山现代农业示范区打造成国家级现代特色农业、小城镇建设、农业综合改革、美丽乡村、城乡统筹发展的五个示范样板,把"黄刘线"现代农业示范带打造成省级以上高标准绿色设施蔬菜和露地蔬菜、绿色玉米和绿色有机稻米、精品渔业和畜牧业及美丽乡村和宜居乡村等示范产业带，把山区特色林果业产业带打造成省级以上高品质水果生产及深加工产业带。

二、做大做强农业四大主导产业

健全现代农业产业体系，优化市场布局，壮大龙头企业，做大做强优质粮食、特色林果、生态养殖和绿色蔬菜四大主导产业，推进农产品加工产业集聚园区建设。

加快优质粮食产业发展。按照"稳定种植面积、优化种植品种、提高单产能力、全面提质增效"的总体构想，强化基础设施建设，提高优良品种覆盖率，提升规模化经营水平，发展粮食产业化经营，实现粮食生产机械化、规模化、集约化、效益化、品牌化。重点建设设施农业 5 万亩，打造刘二堡镇义和村、刘二堡镇高庄村、唐马寨镇翟家村、穆家镇东穆村 4 个粮食高产永久生产示范基地。力争到 2020 年，全县粮食播种面积稳定在 86 万亩左右，蔬菜种植面积40 万亩。

加快特色林果业发展。坚持区域化布局、规模化发展、市场化运作、产业化经营发展原则，坚持以质量效益为中心，促进南果梨产业"提质增效"、着力扩大榛子种植规模、完善南果梨、大榛子标准化生产基地基础设施，把我县打造成"中国大榛子第一县"。进一步做大山区和平原食用菌、柞蚕、药材、冷梨、寒富苹果、山野菜、栗子、野生山葡萄山核桃八大辅助产业，不断优化葡萄种植结构。力争到 2020 年，造林面积 8.9 万亩，森林蓄积量达到 424 万立方米，森林覆盖率达到 48.07%。

加快生态养殖业发展。以提升质量，提高效益，生态发展，保障安全为主题，推进畜牧业产业化、标准化、生态化、现代化进程。

西部平原区域发展猪、鸡、鸭养殖，适度发展奶牛、肉牛养殖，在东部山区发展牛、羊等草食性动物养殖，在全县适度发展鹌鹑、狐狸、貂等特种经济动物养殖。走"公司＋基地"和"公司＋专业经济组织＋农户"的发展模式，培育规模以上畜牧龙头企业。力争到2020年，生猪饲养量达到70万头，黄牛4.5万头，羊18万只，家禽1500万只。

加快精品渔业发展。坚持优质、安全、高效和市场导向原则，突出发展无公害、绿色、有机水产品生产，着力提高渔业综合生产能力和水产品市场竞争能力。重点抓好3大苗种生产基地、5大池塘养殖区、5大温室养殖区、6项重点工程、2个机构体系建设。积极创建名优水产品牌，大力培育水产养殖科技示范户，加快发展各类渔业经济合作组织。力争到2020年，全县水产养殖面积达到7万亩，温室观赏鱼养殖面积15万平方米。

推动农工贸旅融合发展。服务农产品消费个性化、体验化、高端化的"消费导向"，以农产品"地产地销"为核心，推进农业产业链"接二连三"，发展农产品深加工、农业装备、商贸流通、旅游休闲、文化传承、生态环保、科技教育等延伸产业和功能，促进农产品本地化利用，推动农业向综合性产业转变。按照"基地＋分拣加工配送中心＋终端销售＋批发市场＋电商平台＋质量可追溯"的运行模式，形成完整的农产品现代流通体系。

三、强化农业保障体系建设

完善农业科技支撑体系。加强农业科技攻关，深化与中农富通等农业企业科技合作，构建农业科技创新平台和示范基地。建立企业为主体的育种创新体系，以金刚种业为龙头，推进种业人才、资源、技术向企业流动，做大做强育繁推一体化种子企业。抓好科技推广项目建设，继续做好玉米螟绿色防控和测土配方施肥项目，实现全县全覆盖。重点推广配方施肥、化学除草、绿色防控、秋翻秋整、全程机械化等技术，继续完善水稻工厂化育苗、蔬菜工厂化育苗。积极推进"互联网＋"现代农业，发展农畜产品电子商务，建设农业科技服务云平台，推广成熟可复制的农业物联网应用模式，支持研发推广一批使用信息技术和产品，提高农业智能化和精准化水平。深入开展农业科技培训，充分利用广播电视、网络等现代化手段，进行农业实用技术培训，切实抓好"阳光工程"技能培训和远程培训工作。继续实施科技特派员农村科技创业活动，加快科技进村入户。

建立动植物疫病防控体系。重点做好农业病虫害、林业有害生物、动物疫病等防治防控。加快动物卫生信息化平台建设。完成规模饲养场、屠宰场视频监控系统建设。健全重大疫病防控应急机制。支持病死畜禽无害化处理设施建设，确保不发生区域性重大动物疫情和动物源性食品安全事件。

健全农产品质量可追溯体系。积极开展农产品产地环境定点监测、农业投入品监督检查、农产品质量安全监督抽查等工作。以规模化生产、集约化经营为前提，以农产品生产经营企业、协会、合作社为主体，建立完整的农产品质量可追溯体系，实施"从产地到餐桌"的全过程质量安全监控制度。建立健全农产品质量安全风险预警和联防联控工作机制，围绕种子、肥料、农药、兽药、饲料等投入品专项整治，查处生产、流通、销售等环节违法违规行为，确保放心农资下乡进村。推行投入品安全使用制度和农产品生产记录制度，抓好投入品使用管理。

构建农机服务体系。加大农机具购置力度，重点推进旱田的保护性耕作、机械深松、玉米机收和水稻机械插秧。加大新机具、新技术的推广，重点推广旱田玉米保护性耕作和水稻机械插秧两项新技术。建立辽阳县小型农机服务中心，积极发展农机专业合作社和农机大户，逐步形成农机生产规模化服务功能强的社会化服务体系。

四、创新农业经营方式

大力开展农业产业化经营。鼓励农民通过合作与联合的方式开展规模种养业、农产品加工业和农村服务业。大力发展"一镇一业"、"一村一品一电商"、村企互动的产销对接模式，创建农业产业化示范基地，推进原料生产、加工物流、市场营销等融合发展。创新农业营销模式，推进农产品现代流通体系建设，培育新型流通业。构建农业农村金融创新平台，探索金融支持现代农业发展的新模式。

培育壮大新型农业经营主体。扶持家庭农场、专业大户、产业化龙头企业等新型经营主体，引导鼓励以转包、出租、互换、转让、股权合作等形式，流转农村土地承包经营权。支持农民以生产要素参股龙头企业，发展各种类型的专业合作组织，支持供销合作社、各类公司、合作组织和广大农民建立紧密合作机制。力争到2020年，新培育省级农业龙头企业10家以上，新发展200家专业合作社和500家家庭农场，建立同类产业联合社5家以上，带动农户覆盖面达到100%。

第三节　通过信息技术等先进技术构建现代新型工业体系

坚持走新型工业化道路，坚持增量提升与存量优化并举，调结构与促发展并重，用信息化、"互联网＋"促进传统钢铁产业转型升级，培育壮大装备制造、电子信息等战略性新兴产业，优化产业结构和产业布局，推进工业集聚化、链条化、高端化、智能化发展。

一、促进传统钢铁产业转型升级

1. 加快淘汰落后钢铁产能

通过淘汰落后钢铁产能，向铸造方向转型、向锻造转型、向钢材深加工方向转型。一是推进淘汰企业以土地、资金、生产许可资质等入股与辽钢集团兼并重组，同时淘汰落后装备。二是对符合铸造用生铁企业认定规范条件要求的企业，引导其向铸造方向转型发展，鼓励其与辽宁新风精密铸造有限公司、辽阳县天隆铸业有限公司、辽宁得盛实业有限公司3家铸造企业联合重组。三是鼓励与兴宇锻造、鑫合锻造等重点锻造企业兼并重组。四是向钢材深加工方向转型发展，以顺通工程机械、一汽普雷特汽车零部件产业为方向，开展钢铁产品精深加工，同时淘汰落后装备。

2. 构建"1221"钢铁产业格局

按照"政府引导、市场运作、企业自愿"原则，以化解产能严重过剩矛盾为契机，将联合重组与淘汰落后、品种升级、布局优化相结合，通过实现"六个转化"形成"1221"的钢铁产业格局，促进钢铁产业可持续发展。"1"是指以辽宁前杜实业发展有限公司、辽宁新澎辉铸业有限公司、辽阳钢铁有限公司为核心，联合重组为具有较强市场竞争力和区域市场话语权的辽阳钢铁（集团）公司，集中全部的炼铁炼钢能力，重点发展400兆帕（三级钢）及以上高强度螺纹钢筋、抗震钢筋、高强度线材（硬线），以及高强度、抗震、耐火耐候钢板和H型钢。"2"是指分别以辽宁益达科技发展有限公司和辽宁宏昌重工股份有限公司为核心，组建两家具有较强实力和区域竞争优势的铁路专用型材和工程机械用型材生产集团。"2"是指以辽宁新风精密铸造有限公司、辽阳县天隆铸业有限公司、辽宁得盛实业公司3家获得国家铸造生铁许可企业为核心，联合重组成为一家铸造生铁联合企业，重点做优特色产品、做强细分市场；以辽阳顺通机械制造有限公司和辽阳德盛重工机械有限公司为核心，组建联合铸钢企业，重点生产大中型机械装备用铸钢件，以及整机产品。"1"是指以辽阳金属有限公司为核心，联合重组成为一家东北地区品种结构丰富、规格覆盖面全，专业化生产汽车和工程装备用锻造企业集团。

3. 构建特色铸造产业格局

将辽宁新风精密铸造有限公司、辽阳县天隆铸业有限公司、辽宁得盛实业公司等获得国家铸造生铁许可的企业作为铸铁联合企业的核心。鼓励企业发展特色产品，做精做专，占领小批量细分市场，走精品专业化生产路线。推进重组，形成发展合力，提高抗风险能力。同时，鼓励辽阳县其他生产同类产品的铸造企业入股、参股，形成一家中等规模的、具有明显技术优势、市场占有率高的特色铸铁企业。鼓励辽阳顺通机械制造有限公司和辽阳德盛重工机械有限公司强强联合，重组成为一家辽阳县铸钢联合企业，专业化生产，打造从零部件到整机产品的产业链。

4. 做强专业锻造产业格局

将辽宁兴宇金属有限责任公司作为锻造企业联合重且的核心。通过淘汰落后、布局优化、延伸产业链等方式，鼓励其对其他锻造企业展开兼并重组，吸收其他钢铁企业淘汰落后转型到锻造行业，组建东北地区最大规模的法兰、齿轮、齿圈、液压缸、柱塞、异形锻件等工程机械、汽车零部件用锻造零部件基地，同时生产传动轴、曲轴、大型推杆等广泛应用于电力、石油、冶金、机械等工业领域的锻造产品。

5. 加强钢铁精深加工产业链延伸

立足辽阳、面向东北，辐射华北，从发展建筑行业用钢材深加工、钢材加工配送、钢结构系列、冷弯型钢系列、工程机械用钢材深加工、汽车行业用钢材深加工、高品质的终端/近终端产品、汽车铸锻件产品系列等八个方面入手，打造建筑、工程机械、汽车三大钢材精深加工产业链。

6. 大力开展绿色达标工程

2016年底，所有钢铁企业必须编制完成新标准达标改造计划，明确改造期限和改造项目，签订达标责任状。到2017年底，所有钢铁企业达标改造全面完成。组织专家组对照达标改造计划，开展达标完成情况检查。到期仍未完成改造项目、实现稳定达标的企业，依法责令其停产。

7. 强化矿业资源保障供应

以鞍辽实业集团、本钢、聚鑫矿业等大型骨干企业为重点，整合寒岭、甜水、吉洞等地区的铁矿采选企业，扩大资源供应规模，发挥规模效益，降低生产成本。引导建立县内铁矿—冶炼上下游企业对接机制，鼓励铁矿采选企业与辽钢集团交叉持股，在同等市场价格前提下，优先保证辽钢集团生产需求。围绕辽钢集团的产能布局，促进矿山合理布局、集约经营、规模生产，提升资源利用水平，基本形成与钢铁工业布局相吻合的辅料矿开发格局，全面满足保障我县钢铁工业对冶金辅料矿的需求。加强与科研部门、大专院校合作，开展区域内低品位、红矿、难磨铁矿石的综合利用研究。

二、培育壮大战略性新兴产业

1. 做大做强装备制造产业

以三三工业、新风集团等为龙头企业，大力发展大型隧道挖掘机（盾构机）、大型数控机床、重型柴油发动机高压共轨系统、风电设备、核电设备等重大装备和高端配套生产，发展履带板、电梯导轨、精密铸件等重要基础材料配套生产，发展汽车变速箱、轮毂、薄板、高铁紧固件、重大设备轴承等基础性配套生产，大力拓展电动车、智能装备等高端装备制造行业。

2. 重点培育电子信息产业

以辽铜集团为核心，积极发展高精密铜板带材、铜合金引线框架、高强高导新型铜合金接触导线、高性能耐磨蚀铜合金、铜包铝、压延铜箔等基础材料，发展200级以上特种变频调速漆包线、电缆线、半导体、变压器及精密电子元器件等基础电子信息类产品。

3. 积极开拓节能环保产业

依托和服务本地区钢铁企业，发展工业企业烟气治理（除尘、脱硫）、污水处理等环境保护工程的设计、研发、项目管理、总承包建设（施工安装）等节能环保产业，并逐步向电力、建材、化工、有色等工业行业拓展业务范围，并以企业环保设施长期专业化运营服务为主要业务方向，辅以环保设备制造、水处理药剂生产制造、噪音治理、节能和防腐工程施工安装。同时，积极发展太阳能电池组件、地热机组、镍氢电池、高效节能锅炉等产品，重点开发推广应用燃煤锅炉节能技术、余热余压利用技术、工业废弃物处理技术、工业废液资源化利用等关键节能环保技术和装备。

三、积极发展消费品工业

1. 做优发展轻工产业

逐步改造服装、制鞋、袜业、床上用品、塑料胶条、家具制造等老的优势产业，加强产业集群化发展，完善商贸物流设施，打造具有完整产业链的轻工产业集聚区。

2. 做大农副产品加工业

以源丰牧业、富民菜业、晟世农业开发等项目为依托，大力发展农副产品加工业，深度开发绿色食品、有机食品、营养强化食品、营养搭配合理的新型产品。

四、优化完善产业载体建设

1. 整合县域工业园区

整合向阳工业区、兴隆工业区和刘二堡工业区建设辽阳县经济开发区。按照集聚化、循环化的要求，对辽阳县经济开发区进行循环化改造，争取创建省级乃至国家级循环经济示范园区。以现有乡镇工业点为基础，建设辽阳经济开发区分园，通过完善园区基础设施，促进乡镇工业向园区集中。

2. 发展优势产业集群

支持拥有自主知识产权、核心竞争力强的大企业集团加快发展，引导中小企业向"专、特、精、新"方向发展，形成一批以龙头企业为引领，中小微企业紧密配套的高效分工协调的优势产业集群。以整合形成的辽阳县经济开发区为载体，引导产业向园区集聚，重点发展工程机械、装备制造、精密铸件和电子信息产业集群。

3. 建设开放型园区

依托辽阳县经济开发区，积极发展出口加工等外向型经济，探索"一头在内，一头在外"的整机加零部件垂直整合一体化加工贸易新模式，大力发展外向型物流、辐射型物流及中转物流，开展国际中转、进出口贸易、转口贸易、商品展示、仓储分拨等多层次业务。

第四节 应用现代信息技术促进现代服务业发展

积极应用现代信息技术，大力发展生产性服务业，提升传统服务业，优化服务业发展的体制机制和政策环境，实现服务业发展提速、比重提高、水平提升。

一、促进生产性服务业专业化

1. 重点发展商贸流通业

引导大型商贸企业入驻辽阳县，构建多层次商贸网络，打造"沈辽鞍营"振兴产业带上商贸节点城市。推动专业批发市场集聚发展，升级各乡镇商品集散交易市场，在辽阳县经济开发区、本辽辽和沈大高速公路出入口等重要交通节点、重要的农畜产品生产基地，建设产地型的钢材、农产品等批发市场。强化城市综合体、商品市场、日用消费品市场、专业市场等商贸设施建设，鼓励城区大型商贸企业和连锁专卖店、超市向农村发展延伸。利用甜水满族乡或吉洞峪满族乡的民俗文化特色，打造满族民俗风情小镇，辟建文化旅游度假村，增设民族风情文艺表演和特色风味品尝。积极发展夜经济，在首山现代农业示范区及东山公园两侧或城区打造特色美食一条街。

2. 加快发展现代物流业

整合社会资源，鼓励社会零散运力资源入园集聚发展，积极推动大型物流企业整合社会零散物流资源，支持本地物流企业通过合资、合作等多种形式与国际、国内大型物流企业开展业务合作。加强与大连、营口等沿海港口的合作，建成哈大经济走廊和中俄蒙经济走廊重要的物流节点，形成"大通关、大物流"模式，融入低成本高效率的东北亚循环物流链条。完善物流综合运输、城市配送、农村物流网络，建设兴隆工业区物流中心、首山钢铁物流园区。建设黄泥洼和唐马寨农产品物流基地，发展农产品冷链物流，打造"北菜南运"基地。整合产业体系，建立并完善"物流园区—物流中心—配送中心"三级物流体系，完善城市物流配送体系。

3. 大力发展互联网应用和电子商务

推动云计算、物联网等新一代信息技术广泛应用，建设互联网产业应用推广基地。推进电子商务经营模式创新，拓展移动电子商务在生活服务和公共服务领域的应用，促进电子商务与三次产业深度融合发展。依托物流园区和专业市场，推广电子商务在现代物流行业的应用，重点推进信息技术、仓储技术和物流技术融合应用。发展新型消费业态，稳步发展连锁化、网络化、专业化、便利化零售商业体系，重点发展电子商务、连锁经营、代理配送等现代方式和经营业态，推动百货商场、购物中心和专卖店开辟网上交易平台，实现"线上销售"和"线下体验"互动结合的新模式。发展农村电商、行业电商和跨境电商。

二、提高生活性服务业品质

1. 突出发展休闲旅游业

优化旅游产品结构，重点开发沟域旅游、文化旅游和乡村旅游，提升旅游服务质量，增强旅游产业发展活力。着力打造沈阳经济区旅游精品，依托东部山区自然资源和西部平原生态农业，建设一批旅游产业集聚区和休闲度假基地。重点将首山风景区建成集商业、文化、宗教于一体，以古文化遗址、古战场遗址、现代娱乐休闲为重点的综合型景区，创建国家 4A 级景区。完善龙峰山风景区与辽宁仙人顶森林公园合并开发和运营，共同创建国家 4A 级景区，成为全市旅游行业龙头景区。建设核伙沟省级森林公园，建成生态度假、写生摄影的好去处和省内知名的"天然氧吧"，创建国家 4A 级景区。将通明山风景区建成集果品采摘、宗教文化、养老休闲、绿色饮食为一体的辽阳知名景区。依托东部山区现有资源和景点，重点建设休闲度假、养老养生基地，发展沟域经济和乡村旅游。依托西部平原良好农业基础，发展农业观光旅游和体验参与休闲游，争创全国休闲农业与乡村旅游示范县或全国休闲农业示范点。完善首山现代农业示范区建设，力争建成 4A 级景区，成为省内知名的旅游目的地。力争到 2020 年，全县旅游接待人数达到 1000 万人次，旅游总收入达到 10 亿元。

2. 大力发展养老养生等大健康产业

加快发展养老家政健康服务业，发展医疗保健、养老养生、健康保险、体检、咨询等服务，建立覆盖全生命周期、内涵丰富、结构合理的大健康产业体系。依托东部山区优良的生态环境、中草药资源，重点在千山东侧、汤河水库周边、旅游区附近等乡镇，发展养老养生产业。加快建设养老服务中心、养老院、医疗诊所、体育设施、度假村等基础设施，为周边地区老年人前来休闲观光、养老医疗、度假养生提供良好条件。积极开展居家互助式养老和养老金融试点。

3. 加快发展教育培训产业

启动"职业教育培训基地"建设项目，引进1-2家国内外知名教育培训机构。发展高端文化培训、专业证书培训、职业技能培训、生活品质培训等项目。

4. 促进房地产业健康发展

继续实施以棚户区改造为主的保障性安居工程建设。大力发展养老休闲、旅游度假等多元化地产。加快培育和发展住房租赁市场。合理调控商品住房供应总量和节奏，及时完善购房政策措施。

三、强化服务业载体支撑作用

1. 坚持"做强核心、提升两翼"的发展思路

加快推进"辽鞍金桥"服务业集聚区建设，扩大辐射，形成"一核、两翼、三区、四基地"的服务业发展格局，带动全县服务业实现跨越式发展。"一核"指打造以"辽鞍金桥"集聚区为服务业发展核心区，建设辽鞍路发展轴两侧景观带和综合功能区，形成万米景观长廊，打造"城市窗口"，提升城市品位，争取达到省示范服务业集聚区标准。"两翼"指依托河栏镇东部发展翼发展特色生态旅游，依托刘二堡镇西部发展翼发展现代物流、钢铁网上交易平台、科技研发等特色服务业。

2.打造三区、四基地格局

"三区"指建设下达河乡、八会镇文化休闲旅游区，建设甜水满族乡、吉洞峪满族乡民俗风情旅游区，以及建设小北河镇、柳壕镇西部农业观光旅游区。"四基地"指建设黄泥洼商贸物流基地、隆昌农产品深加工基地、河栏、下达河养生度假基地、唐马寨农产品物流基地。

四、完善服务业发展保障机制

1.降低市场准入门槛

进一步放宽服务领域市场准入，支持社会资本进入法律法规及国家规定没有明令禁止进入的服务领域。加快"三供一业"、公共交通、污水处理等公用事业改革，鼓励和引导民间资本参与服务业投资、建设和运营。

2.强化政策支持

加大对服务业关键领域、薄弱环节的投入，通过政府搭建平台和出台扶持措施，吸引社会资本向电子商务、旅游休闲、养老养生等服务业集聚，保障服务业用地需求，稳妥扩大信贷消费，优化消费支付环境。支持职业和岗位技能培训，加快培养服务业紧缺人才。通过专项资金支持农村地区发展旅游休闲、养老养生等现代服务业。

第六章　乡村振兴战略下小城镇发展的技术选择路径

第一节　实现社会和谐价值，需要综合规划技术

规划是一项社会实验，多层次、多角度的规划理念是综合规划技术的灵魂。综合规划技术不是单纯的规划技术，它既包括硬技术，也包括软技术。它以生态规划理念为核心，目标是实现人民生活幸福，社会生活和谐。

人类在生存的过程中，为了实现一定的目标总会有某种计划，这种计划是有目的的、有准备的；如果人类对未来毫无计划，漫无目的，这样的生存状态在理性存在的人类社会中恐怕不会存在。作为个体也总是会选择一个有目的、有计划的生活过程，那么对于人类生存的空间——城镇，人们倾向于用规划的方式负责任的对其进行计划，以满足人类社会发展的各种要求。

一、辽阳县以往规划技术的得失

辽阳县在城镇发展的过程中一直坚持科学的规划发展，多次聘请了国内有实力、有水平的各种技术团队进行了多次规划。辽阳县的上位规划要与辽阳市的总体规划相承接，并在规划中确立本县的县域发展地位，为辽阳县的住宅、经济发展、环境质量和其他一系列问题做出科学的判断，为地方政府的决策提供可行的指导建议。多次规划的成果显著，但各支技术团队对规划技术的使用和处理各有得失，而规划的实施、执行及效果并非仅由规划技术决定，其与很多因素密切相关。

1.两项规划的基本情况

辽阳县为了实现本县科学的发展，经济的进步，响应国家、省、市各级政府的要求，在不同时期进行了不同类别的规划。本书选取2012年辽宁省城乡建设规划设计院完成的"辽阳县城市总体规划（2012—2030）"（下文简称城市总体规划）和2014年中国城市发展研究院做的"辽阳县城乡统筹发展规划（2014—2030）"（下文简称城乡统筹规划）进行比较研究。两次时间间隔较近，但承担规划的主体不同，并且各有针对性的规划来研究辽阳县规划技术的得失。

第一，规划目的不同。城市总体规划的规划的目的是为了科学指导城市建设，促进辽阳县经济、社会与人口、资源和生态环境的统筹发展，协调辽阳县与辽阳市、鞍山市的区域一体化发展，努力把辽阳县建设成为创业环境优越、人居环境良好、综合竞争力强、城市特色鲜明的中等城市，辽宁省中部地区重要的山水宜居城市、文化教育城市、幸福创业城市。城乡统筹发展规划以发展和民生作为两条主线，是辽阳县统筹城乡发展的顶层设计，是战略性、综合性规划，为辽阳县域统筹城乡产业发展、空间布局、基础设施和公共服务设施建设提供依据，指导城乡布局规划。城乡统筹规划，全国都在积极探索，目前并没有成熟的模式。

第二，规划技术路线不同。城市总体规划的范围划分为两个层面，县域城镇体系规划的规划范围为辽阳县的行政区范围，县城规划区范围为首山镇（不含马家子村和响山子村）和兴隆镇。这样一来这个规划就分成了两大部分，在县域城镇体系规划时按照经济和社会、资源、环境、空间、城镇体系、农村居民点、交通、公共服务设施、市政基础设施这些角度来进行规划，而对县城规划区范围进行规划时按照城市性质、职能和规模、城市空间结构与用地、综合交通、绿地系统、市政工程、环境、防灾、旧城改造、建设控制、地下空间、空间发展顺序来进行规划。最后对规划的实施与保障进行了论述。而城乡统筹发展规划首先梳理统筹城乡发展的基础和难点，并提出发展的新机遇，在此基础上识别统筹城乡发展面临的关键问题，确定城乡统筹的发展目标和战略；然后制定支撑城乡一体化发展的产业转型、空间聚落、基础设施和公共服务四大体系；最后，制定行动计划和项目库，探索城乡统筹发展机制和政策创新。

第三，规划思维方法不同。城市总体规划的规划方法是对辽阳县总体规划这个问题进行了分析，分解成了两个层面的问题，即县域城镇体系及县城规划区，对两个层面的规划问题分别进行研究，然后再利用综合的方法统一成一个整体。而城乡统筹发展规划利用归纳与演绎的方法，先识别城乡统筹要面临的关键问题，确定发展目标，然后再根据目标制定城乡一体发展的四大体系，从归纳到演绎，不断补充和修正，最后制定行动计划。当然上文分析的是两个规划主要的思维方法，在进行规划的过程中如城乡统筹发展规划也会用到分析与综合的方法。

2. 规划技术得失反思

技术的得失问题可以通过技术使用的过程中表现的状况及过后的技术作用效果进行判断，但最关键的是技术的适宜性决定了技术成功与否。

两种规划符合不同的外部环境。两种规划虽然针对同一地区只间隔了两年，但在这两年的时间背后是国家新型城镇化探索过程中理论不断发展调试的过程。在 2012 年做一个县的城市总体规划符合当时的社会背景，把握城镇的发展未来，对城镇的相关事宜进行预判和规定。而到了 2014 年，根据中国共产党第十八次全国代表大会报告，新型城镇化提出是化人的城镇化，要实现城乡的统筹发展，并且随后出台了国家新型城镇化规划（2014—2020 年）。辽阳县政府邀请中国城市规划院做了"辽阳县城乡统筹发展规划（2014—2030）"，这一做法可以说是与时俱进的。在不同时代背景下，不同的客观情况下，技术需要进行调整以实现成本最小，收益最大的结果。国家提出了城乡统筹为特征的新型城镇化目标，那么规划技术的发展变化就应该与这一外部环境的改变相对应。

规划技术需要形成体系支撑。有了科学的规划，关键的是如何有效的落实及坚持。而在实际操作中，因为政策调整、经济发展环境变化、人员更替及缺少相关的支持等原因，致使规划往往得不到有效的执行和坚持。有学者结合我国各地区的城乡统筹实践，总结出了"六个一体化"要求，即城乡统筹规划有六个重点领域，分别为城乡空间发展一体化规划、城乡产业发展一体化规划、城乡生态环境保护一体化规划、城乡公共服务一体化规划、城乡基础设施一体化规划、城乡规划一体化。那么这些技术在技术范畴内都属于硬技术，以上两种规划的实施情况及效果更加说明了需要软技术支撑实现硬技术。技术的实施是一个系统工程，需要推进机制、社会保障、制度保障、政策支持。规划地位的明确、规划实施的支撑、规划衔接的紧密都是保证规划技术能够实现价值的基本条件。

二、新型城镇化规划设计中的价值目标和设计思路

辽阳县的城镇化进程中存在的问题和矛盾，并不是单纯一个地区的问题，在总体上是与我国传统城镇化遗留的问题相一致。但辽阳县的独特在于除了前文描述的城镇化基本状况之外，辽阳县的新型城镇化发展也具有自己的新机遇。辽宁的省会城市沈阳，只离辽阳市几十公里，沈阳经济区也进入了快速发展期，作为沈阳经济区副城辽阳的重要组成部分，沈阳经济区一体化的加速推进必然为辽阳县的新型城镇化带来新的机遇。

1.新型城镇化规划设计的价值目标

辽阳县的新型城镇化设计应该是基于本地具体情况及特点，以增加人民群众的幸福感，城乡协调为发展目标，走可持续发展之路的城镇化。

实现多层次主体的价值统一。"新型城镇化"是"化"人，最根本的目标应是消除城乡差别，消灭城乡二元化，没有城市农村的区别，人在农村也能安居乐业。通过生态规划的实施，解决对资源代际分配问题，使当代人与后代人的价值统一。个体与群体，农村人与城市人的利益的统一；让个体的居民和其他利益相关的群体尽早参与到新型城镇化的规划中去，保证个体与群体利益的统一。

满足人民的美好生活需要。需要结合地区的独特地域文化，使居民的思维和生活方式的变化适应新型的城乡关系。完善基础设施

和城乡公共服务设施建设，使城乡基础设施和公共服务均等化。强化农村地区公共服务设施建设，全面实现城乡公共服务均等化，健全城乡统筹机制建设。

人民的生活空间宜居。打造优异的生态环境，包括优质的城市空间，舒适的乡村环境（东部山区和西部平原），以及城乡生态安全格局。形成高效的城镇布局，构建合理的城乡聚落体系和交通体系，实现城乡空间环境由规模集聚向品质提升的转变。

城镇的经济发展要适度。形成完善的产业体系，因地制宜构建三次产业联动发展模式完善城乡产业体系构建。发挥大型产业基地的龙头带动作用，加快乡镇示范产业园区建设，形成集聚程度较高，产业分工合理，设施配套完善的现代化产业发展体系。通过实现城乡要素的合理配置与有效流动，最终实现生态环境优美，经济活力强，城乡一体化发展的新格局。

辽阳县新型城镇化价值目标的实现需要分为两个阶段，第一个阶段为格局构建，在这一阶段主要目的就是加快城镇化进程，在中心城区扩容基础上，强化外围城镇增长点培育，引导城乡居民集聚发展，提升城镇化水平；通过产业引导、政策扶植等措施，推动城乡产业进一步向园区集中，推动新型工业化发展；通过积极扶持和推进农村涉农生态社区试点建设，农村涉农社区的智能化基础设施和公共服务均等化，促进农村地区发展。第二个阶段为统筹完善，在新型城乡格局形成基础上，进一步提升城镇化发展质量，完善农村社区建设，进一步提升城镇化水平。

2. 新型城镇化的规划设计思路

以辽阳县新型城镇化设计的价值目标为基础，实现人的美好生活、生活空间宜居、经济发展适度为目的，辽阳新型城镇化的总体思路设计如下：以区域发展为核心实现区域融入，并与区域进行全面对接；提升中心城镇发展，同时壮大辽阳县东西部地区的实力；优化产业空间，实现城乡统筹发展。

区域融入，全面对接。紧抓区域一体化加速发展态势，依托独特的区位交通条件，实现与辽阳市、鞍山市城市在空间、产业、交通、生态等的全面对接，东部山区以水源涵养和生态保育为主，西部平原以建设区域农产品供给和物流基地为目标。承接沈阳经济区中心城市产业和服务功能的转移，融入区域产业链。积极发展装备制造、电子信息、新材料等战略性新兴产业，承接高端产业链延伸，借力集群优势，错位发展、弥补空白。

中心提升，两翼壮大。加快中心城区建设和产业发展，整合工业园区，通过产业转型升级和特色服务业的引入提升县城区域竞争力，完善中心城区城市文化、教育、金融、商贸、物流等服务职能；争取国家资金支持，促使优质资源高效利用。两翼指的是东部和西部地区，东翼中寒岭和吉洞峪依托矿产资源适当发展深加工，其他乡镇以发展林果种植和旅游休闲为主；西翼主要推动土地规模化经营，发展其都市农业、观光农业，发展农副产品加工、商贸物流，适当发展其无污染工业。

空间集聚，城乡联动。优化县域的城镇村聚落体系和产业空间体系，引导人口和产业的合理空间配置；人口向城镇集聚，优化城镇村聚落体系；工业向园区集聚，优化产业体系布局。制定城乡基础设施和公共服务一体化发展标准，实现城乡资源要素的统筹配置。城乡联动，积极推进新型城镇化，加快农民市民化进程，推进户籍制度改革，加强基本公共服务均等化；发挥城乡之间的土地级差效益，实施土地增减挂钩、人地挂钩，盘活农村土地要素资源。

三、实现新型城镇化和谐价值的思考

在"辽阳县城乡统筹发展规划（2014—2030）"中，计划到 2022 年县域总人口达到 60 万，城镇化水平达到 58%；2030 年，县域总人口 70 万，城镇化水平达到 70%；城乡统筹发展总目标为建设成为省级城乡统筹发展示范区，沈阳经济区城乡一体化专项改革先导区。辽阳县人民在新型城镇化中实现社会生活和谐的目标应该包括如下几个方面。

1. 规划实现城乡发展平衡

新型城镇化化人的目标是要满足主体的价值目标的实现，农村人与城市人，个体与群体，当代人与后代人。辽阳县目前按地域可以划分为一体两翼，一体指的是中心城区，两翼指的是东部山区及西部平原地区。一体两翼协调发展平衡是实现辽阳县人民生活和谐的基础。高效的城镇布局，合理的城乡聚落体系和交通体系；城乡基础设施和公共服务的均等化。这些基础条件的实现需要一系列新的针对不同区域的发展规划，并且这些目标的实现都需要一个过程。

中心城区（包括县城及刘二堡镇），需要在推动工业转型促发展的过程中加强三产的发展，工业转型在下文会专门谈到，那么中心城区的现代服务业的发展应以商贸物流、文化教育、医疗卫生、电子商务、金融服务为主，形成综合服务中心。

而两翼的发展及壮大应该依托各自的优势资源，强化特色发展，实现以一产加三产为主，二产为辅的发展模式，农业现代化、产业化，与中心城区形成现代服务业发展格局。东翼突出发展精品农业，形成林果业发展区，面向沈阳经济区市场，以优势种植、特色林果为重点，发展立体林业、榛子种植、食用菌、中草药材等品种的种

植，提高深加工能力，打造农产品品牌；另外以山地旅游、沟域旅游、养老养生为主发展旅游休闲，如千山东侧下达河、八会、隆昌就可以发展养老养生、休闲度假，寒岭、河栏、甜水、吉洞峪可以发展沟域旅游。西部地区为平原地区，应加快特色有机农业及观光农业的发展；培育绿色无公害错季有机蔬菜、绿色大米种植及加工、花卉种植、观赏渔业养殖等；以发展农业观光休闲旅游为主，生态景观农业、体验参与型农业、休闲度假农业。不同的镇发展的方向也有区别，如原来工业基础好的镇，黄泥洼和唐马寨就可以发展特色有机农业加上工业加工并发展流通，延长产业链（生产、加工、储藏、运输、市场）。

2. 做好产业生态转型规划

人口向城镇的集聚，并非单纯的农村人口进城，就地就近城镇化也是实现人的城镇化的主要方式，并且人的社会生活的和谐需要满足人们物质生活、精神生活、可持续发展的需求，这两个方面都需经济的可持续发展为基础和保障。辽阳县县域经济发展较弱，产业结构单一，资源本底雄厚又造成了"一钢独大"的局面。服务业整体发展缓慢，并且在经济中的比重不断下降，县城的现代服务职能发育也不足。辽阳县是农业大县，是辽河平原重要的商品粮基地和林业基地，产业化发展较快，但在产业结构中仍处于弱势。辽阳县外部的区域产业格局在发生快速地变化，给辽阳县产业转型带来机遇。

在辽阳县新型城镇化发展中，做好产业转型的规划是实现人民生活和谐价值的基础。优厚的资源本底，经济发展重点的二产，决定了不可能完全抛开其进行产业转型，那么工业体系的重新构建成了必然，新型工业化是发展方向。坚持淘汰落后的钢铁产能，加强资源的整合；积极发展铁矿和菱镁矿的深加工；延伸钢铁产业链，积极引入以钢铁行业为基础的装备制造、汽车零部件、农机等下游产业，新上钢铁交易市场等上游产业。大力发展特色农业产业，实现农业现代化；依托不同地区的生态优势，打造绿色产品基地、休闲农业胜地为导向；推进农业产业化经营，创新农业经营体制，塑造辽阳本地现代农业品牌；优化农业空间布局，依托哈大轴沿线城镇经济带动，发展精品农业；强化农业招商引资，提升农业产业化水平，强化龙头企业带动模式，实施品牌农业战略。大力发展现代服务业，承接区域一体发展带来的辐射，依托区位交通优势，承接区域中心城市服务职能转移，依托生态环境和特色农业优势，错位发展特色服务业。

3. 推进规划设计的民主化进程

从技术角度讲"合理规划"意味着"以一种合理的方式指导规划"，也就是说规划的过程是合理的、科学的，但结果并不一定，因为规划还需要兼顾政治因素，这是得到无数实践经验证明过的。一个机构编制的规划，如我们现在绝大多数国内规划机构所做的工作，难免局限于技术专家角度，忽略了规划的其他因素。如前文分析辽阳县的两次规划，从硬技术角度看是专业的、具体的，但最后的实施都不尽如人意，为什么会产生这样的问题呢，仅仅是因为地方政府负责人的更换？国家外部环境不断变化吗？我们通过研究，发现并非如此。规划本身是有政治背景的，如果忽视了规划的政治因素及规划合理性的局限，规划的实施与执行必然要遇到问题。因此，我们从技术角度来讲，建立软技术与硬技术相结合的综合城镇化技术体系，是解决这一问题的必要方法。

规划的实践活动中，许多群体的出现是不适当地。那么怎样兼顾个体与群体的利益，需要他们都参与到规划中来，即公众参与城市规划，公众怎样参与需要制定相应的策略、流程和方法，这是软技术的一种表现形式。前文研究的辽阳县两次规划，都是以技术专家为主，地方政府部门辅助，缺少当地公众的参与，那么问题就出来了。技术专家团队代表的是技术角度的专业分析、判断，地方政府代表的是一个群体的利益，那么作为规划要服务的辽阳县个体的民众，他们的利益与价值需求没有充分得到表达与倾听，这样做出的规划难免偏颇并忽视了个体的利益。规划师不仅是技术专家，还是沟通者，也需要直面政治事务，甚至成为政治活动家。

乡村振兴战略下的小城镇建设需要保持整体空间设计和建筑设计的协调一致，对小城镇的总体格局、绿地系统、交通组织都需要进行系统的规划，需要新的理念作为规划的支撑。综合规划技术首当其冲，生态环境、交通组织以及功能布局，都是规划技术所指的方向，但规划技术实施和执行过程中存在的问题提醒我们反思，如何从技术角度进行规约，即采用软技术来保证硬技术的实现。综合各个方面的需求，建立与当地环境相互回应的城镇，实现城镇、社会和自然环境的和谐，是综合规划技术所指。

第二节　实现自然生态价值，需要绿色技术

绿色生态价值的实现，不是狭义的环境因素，而是以人为核心、以自然为本，人与自然和谐的小城镇。生态现代化离不开技术，各种新兴技术是城镇可持续发展的物质保障。

优质的城市空间，舒适的乡村环境（东部山区和西部平原），以及城乡生态安全格局，是辽阳县 2014—2030 城乡统筹规划的生态发

展目标。优异的生态环境,以绿色发展为目标也是新型城镇化生活空间宜居,人与自然和谐发展的必然方向。环境保护、人类的宜居生活空间、经济发展三者之间存在着一定的矛盾,处理好环境、社会、经济之间的关系,还需要绿色技术的支持。

一、辽阳县生态环境问题分析

辽阳县东部是山区,以林地为主,西部是平原,以城镇和耕地为主。当地资源丰富,尤其是铁镁矿产,因此当地政府和人民把县域经济的重点放在了重工业企业发展上,事实上这样的决策既为当地的经济发展带来了极大的推动,也为当地的生态环境带来了极大的隐患,优良的生态本底被忽视,重工业企业带来严重的环境污染。

1.优良的生态本底被忽视

辽阳县的植被资源尤其是森林资源分布广,呈现不同的森林植被景观,为开发生态旅游提供了良好的基础条件。辽阳县地处辽东低山丘陵与辽河平原的过渡地带,层状地貌典型,分布规律,分区规整。辽阳山岳资源丰富,境内有大小山峰166座,其中坐落于辽阳县境内126座,太子河区与辽阳县的界山是被称为千山之首的首山;辽阳县境内有通明山、摩天岭,以及海拔1181米的辽阳最高峰大黑山。辽阳的植被因地貌成因、气候类型诸因素,形成东西不同的植被类型。根据其分布和种类组成分为三类:东部低山丘陵落叶阔叶林和针、阔混交林;人工林;山间谷地及草丛。境内现有植物总共有854种。核伙沟自然风景区、龙峰山风景区等,植被覆盖率高,旅游开发具有优越的自然条件基础。但辽阳县目前的植被资源并没有在旅游业得到系统的开发及规划,整个县并没有根据不同地区的自然资源环境特征形成创造性开发,形成旅游产业才是发展的正确方向。

辽阳县的森林覆盖率为 48.2%，这一水平高于辽阳市和辽宁省（40%），也高于鞍山市（46.4%）。辽阳境内山地面积广，植被覆盖率相对较高，树种丰富。现有林业用地面积 197 万亩，气候条件和地理条件非常适合林业产业发展，是发展林业产业的黄金地带。辽阳的东部地区是山区，经济发展在全县处于劣势，林地资源虽丰富，但是林业产值远低于西部种植业产值，林业优势对经济的带动作用并未充分得到发挥。如果能够大力发展林下经济高效产业，加快林下经济建设和产业结构调整步伐，东部地区的人民社会生活就有了发展的保证。

2. 产业结构单一是造成环境问题的主要原因

辽阳县生态资源本底良好，但在传统城镇化的过程中，辽阳县的支撑产业是以钢铁企业为主。辽阳县钢铁产业的发展，在时间上可以追溯到 20 世纪 80 年代，借助毗邻鞍钢和本钢的区位优势、蕴藏丰富矿产的资源优势，从小轧钢、小铸钢开始不断发展壮大，已形成采、选、炼、铸、轧一条龙的产业链条，逐步成为县域经济发展的支柱产业。而农业与服务业相对发展较慢，一、二、三产业结构比为 9.3:74:16.7，真正的"一钢独大"，成为带动县域经济增长的主要力量，是推进辽阳县城镇化的经济基础。并且矿产资源本底决定了辽阳县在未来相当长时间内仍将延续资源型产业主导的发展模式。

辽阳县钢铁企业很多规模较小，采用的生产工艺又普遍落后，属于国家产业政策淘汰类行业，高能耗、高污染问题突出。钢铁企业粉尘的产生和排放、二氧化碳的排放、氧化硫气体的排放，是造成大气污染、水污染、土壤污染的主要因素。辽阳县矿区的随意开采，采空区大量存在。资源的浪费，环境的污染既是辽阳县经济发展带来的代价，也是其未来发展的阻力。要青山绿水还是要经济发展，在辽阳县这样的基本情况下矛盾显得尤为突出。辽阳县政府已经意识到环境保护问题的严重性，在 2013 年专门下发了《辽阳县蓝天工程实施方案》和《2013 年淘汰钢铁产业落后产能工作实施方案》，并与市政府签订蓝天工程目标责任书，明确辽阳县将完成脱硫、除尘治理、淘汰落后产能等 6 项工作任务。但既要淘汰落后产能，又想保持经济发展，怎样处理两者之间的平衡是个问题，并且生态修复工作、生态保育工作都需要有规划的长期进行下去。

二、辽阳县新型城镇化必然秉持的绿色发展理念

绿色发展理念是党的十八届五中全会提出的五大发展理念之一，绿色发展理念的内在要求，新型城镇化的发展应该实现人与自然环境、城市、生活空间的协调、可持续发展。辽阳县的传统城镇化过程中，产业结构单一造成环境的污染，这是新型城镇化环境发展、经济发展必须要解决的问题。

1. 辽阳县新型城镇化绿色发展理念

人与自然环境的平衡，是确定生态价值的主要因素之一，需要建立在可持续发展理念的基础之上。

实现自然环境的绿色发展。自然环境的绿色发展，如绿化覆盖面积、乡土树种所占比例、景观可达性等具体指标的实现，保护景观并可持续地利用周边景观，将其作为社会和经济的基础；自然系统、栖息地、物种的保护，为了达到最佳生物气候条件的空气交换系统，土壤和地下水系统的科学管理等等。

实现城镇及乡村的绿色发展。是以绿色交通体系、完善的绿地

系统、具有实现废弃物减量、回收和循环利用系统、绿色的基础设施、绿色节能建筑等等为手段，实现有可持续生活方式、城市形态紧凑、生物气候舒适、具有文化特质及社会多样性的城市和乡村。

实现生活空间的绿色发展。是以绿色建筑为手段，采用如下的原则作为绿色建筑指导原则。重视资源保护，既节约又高效地利用资源，可以采用节能、节水技术，使用低能耗材料进行紧凑型建设；重视回收利用，回收废物制造商品，用废料建造房屋，利用天然材料发明可循环材料；善于利用可再生资源，如风能、太阳能等，通过所采用的技术建造绿色建筑；还要在建造绿色建筑的过程中，促进环境的修复和可持续性的资源管理。

2. 辽阳县绿色发展的具体方向

建构城乡生态安全格局。生态格局划分成四个区，分别为城镇集中建设区，生态农业示范区，水源涵养和生态保育区，矿山生态修复区。以千山山脉为天然屏障，以水系和铁路为生态防护绿带；发展风景名胜区、自然保护区。设立城乡空间管制区域。在自然保护区、风景名胜区、水源一级保护区、基本农田、林地、高压走廊、矿区、采空区、地质灾害频发区设立为禁建区，而在水源二级保护区和一般农田设为限建区，现状建成区、城镇村拓展地区为适建区。

加强自然景观生态修复。在城镇化过程中，加快处于地质灾害高发区的村庄生态移民；有序开发矿产资源，加强生态修复；村庄要划分为不同的发展类别，其中位于水源一级保护区，位于国家、省级风景名胜区特级保护区，以及自然保护区核心区和缓冲区的居民向镇区和中心村迁并，发展方式以保护生态资源为首。位于矿区、采空区和生态修复区的村庄也要向镇区和中心村迁并。而位于水源二级保护区，或是位于国家、省级风景名胜区一级、二级保护区，或是在自然保护区实验区的村庄，要以生态保护为主。

城乡基础设施建设生态化。加快辽阳县城文化中心、体育中心、首山公园等城市名片建设，实施城市亮化和绿化工程，打造城市中心形象；加快城市水系整治、拓宽城市主要道路；加快完善城市公共服务体系；加快县城污染型工业向外搬迁；争取国家资金的支持，加快棚户区改造；改善农村环境，完善农村给水、排水、垃圾收集处理等基础设施建设，提升农村抵御洪灾、山体滑坡等自然灾害的能力。

三、以绿色技术化解生态价值与经济价值的矛盾

习近平总书记说："良好生态环境是最公平的公共产品，是最普惠的民生福祉，绿水青山就是金山银山。"生态价值的实现一定是以牺牲经济价值为代价吗？绿色技术的发展及在新型城镇化中的应用，是化解生态价值与经济价值矛盾的可行有效的方式。

1. 发展环境治理技术调整产业结构

辽阳县基于目前的生态状况及经济发展状况，应将环境保护作为实现新型城镇化生态价值的重要指标，减少大气污染、注重可持续发展，环境的治理与保护并行是辽阳县生态发展的首要任务。

辽阳县自实施"青山、碧水、蓝天"工程以来，生态环境发展取得了一定的成效。淘汰落后产能和工艺装备，调整产业结构、转变经济发展方式是前提；加强环境监管体系建设，全面提升大气污染防治能力和水平是保障；优化能源结构，发展清洁能源，实施"绿色交通"工程，强化机动车污染防治，实施有机废气污染控制工程是必要的保障措施。加快处于地质灾害高发区的村庄生态移民；加强自然保护区、风景名胜区等生态敏感区保护，加强水源保护、林

地保护、水土保持；有序开发矿产资源，加强生态修复，提升对山区村民的反哺，加强沿河、沿主要交通干线的生态廊道建设。提高造林面积，提高绿化村屯的数量。全面落实河长制，持续改善河道生态环境。全面开展水污染整治，确保全县河流水质达到省级以上考核标准。全力抓好秸秆禁烧和森林防火，推进秸秆综合利用项目落地，完成大气污染防治任务。

2. 探索绿色技术的推广与使用

本书探索的绿色技术系统是由绿色建筑技术、清洁空气技术、绿色道路技术、垃圾回收技术等，形成的一个整体生态技术系统。生态价值的赋予具体可归纳为节能、节水、无害化。

使用节能技术降低不可再生的材料、能源的使用并减少环境的污染。近年来地热能、太阳能、潮汐能和风能等再生资源技术被引入，光伏建筑一体化、建筑能量再循环、区域供热等技术，被人们用来进行能源管理。可以选择合适的地点，如小北河镇建风力发电站，实现清洁能源的供给。光伏发电技术也已经可以应用于交通系统，2017 年底在山东济南承载光伏路面的高速公路已经投入运营，这虽然只是一种尝试和探索，但是为节能技术在城镇化领域中的拓展进行了有益的实践。可以在辽阳县城乡交通一体化的过程中，尝试引进资本利用光伏技术等先进节能技术。目前，辽阳县已在寒岭镇和甜水乡建设了两个光伏发电项目。

使用节水技术，节约水资源，保持生态环境的自然循环和平衡。采用生态贮渗设施技术、雨水处理技术、废水收集与再利用技术，对辽阳的给水工程基础设施进行改造和规划。划分不同的供水区域，以太子河和大伙房水库为西部平原区供水，汤河水库、葠窝水库和山泉地下水为东部山区供水；在主城区以扩建现状给水厂，完善城区给水系统、完善污水收集系统为主要目标。

使用无害化技术既顾及人的健康又考虑生态环境影响的后果。如清洁空气技术和垃圾回收技术，将清洁空气技术与绿色建筑技术相配套，对新建建筑和既有建筑进行技术的使用或改造；垃圾的收集与处理实现无害化，特别是村庄的无害化处理，除了以焚烧为主要方式外还要尽可能地应用垃圾回收技术，绿色建筑技术中无污染原材料需要垃圾回收技术加以配套生产。

乡村振兴战略下的小城镇绿色环境的建设，需要做好建筑设计与场地设计、节水与水资源利用、固体废物处理与资源化利用、遗产保护等等多个方面的工作；需要以节能、节水、无害化为目标的重点技术领域保证其实现。绿色建筑技术、新材料技术、生物技术等都是保证生态价值实现的绿色技术，但其中以绿色建筑技术为主。绿色建筑技术的设计，绿色建筑技术因地制宜的使用，绿色建筑技术系统配套完整都是需要考虑的问题。所有的绿色技术共同作用来保证城镇的资源及空间的合理分配，尽可能打造可持续发展的城镇。

第三节　实现经济发展功效，需要智能化技术

新型信息技术的核心技术是人工智能系统的知识生成和策略创建技术，智能化技术是超越信息技术的综合性技术，它以拟人的智能活动为主要目的的技术。利用智能化技术实现智能化城镇，是实现城乡资源最佳配置的必要条件，也是乡村追赶城市的重要手段，智能化技术使得小城镇发展目标以最小的消耗得以实现。

在中共中央办公厅、国务院办公厅印发的《2006—2020 年国家

信息化发展战略》中将信息化定义为"充分利用信息技术，开发利用信息资源，促进信息交流和知识共享，提高经济增长质量，推动经济社会发展转型的历史进程"。信息技术及其产业有对传统工业产业的改造和升级具有重要意义，并且在城镇化的发展过程中与规划技术、绿色技术的融合会为城镇化的发展带来新的高度。

一、辽阳县信息化建设的现状和问题分析

在辽阳县的城镇化之路上，县域经济薄弱，二产突出，一产与三产薄弱，二产又以传统钢铁企业、制造业为主，信息化技术在工业企业中的应用基本处于从零起步的状态。城镇内部的网络化、一体化表现并不集中，也缺少关联度。但自 2013 年起，地方政府在新型城镇化的推动下将产业转型提上了日程，一批智能制造企业、信息技术企业纷纷被引入，城镇化中也逐渐应用了信息技术进行智慧管理，辽阳县信息化建设开始了新的历史。

1.辽阳县信息化建设的现状

辽阳县在新型城镇化的推动下，以信息技术助力产业转型，同时在城镇管理中也加大了信息技术的应用，不断推进城镇管理的智慧化。

应用信息技术助力产业转型。辽阳县在新型城镇化的进程中面临着产业转型，绿色发展的巨大压力，一方面经济发展离不开传统钢铁企业，另一方面绿色发展、可持续发展需要单一产业结构的转型。因此，在地方政府的引导下，辽阳县的传统制造业开始向高端智能制造业转型，同时加大力度引进和发展信息技术企业。仅 2017 年，围绕装备制造、电子信息等重点产业，辽阳县政府就组织开展主题招商活动 16 次，使得新风高压共轨配套等 7 个重点项目签约落

地。随着信息技术与传统制造业的融合，逐渐帮助其向智能制造企业转变。县内三三工业、新风科技、宏昌重工等重点企业产值大幅增长，使得智能装备制造业在县内工业中所占比重不断提高。其中三三工业与中国一重等4家央企全面达成战略合作，复合式土压平衡盾构机获省企业重大研发成果奖。辽鞍机械履带板压淬热处理自动生产线智能制造、辽宁中车轨道交通装备二期等一批重点项目陆续建成投产。并且在人才引进方面，成功引进千人计划人才郑小清博士，建成天一航空发动机密封件项目检测中心；新风科技柴油高压共轨列入省工业强基重点项目；一汽普雷特公司变速箱总成、ADI桥齿轮等一批重点项目全面开工建设。同时，电子信息产业也在蓬勃发展，辽铜集团QY紫铜、泽华电子农业智能控制等一批重点项目全面投产。到2017年底，辽阳县智能装备制造、电子信息产业增加值占比达到39%，新兴产业项目共获得省直投资金1.17亿元。

推进信息技术在城镇化中的社会管理、基层设施建设的智慧化。辽阳县在提升政务信息化水平方面取得一定成绩。县政府成立了县调研信息中心，整合县政府门户网站，将县政府网站由县新闻宣传中心调整由县政府办公室管理，并聘请江苏国泰新点软件公司，建成集信息公开、网上办理、便民服务、电子监察于一体的网上审批平台，实现网上审批和智慧型政务服务大厅。目前，辽阳县正在研究整合国地税智能办税平台，推进国地税合署办公，实现国地税信息资源共享。并且努力提升社会治安管理信息化水平，启动"天眼工程"三期建设项目建设，已建成高清视频监控点位313个，在建100个，已建成车轨系统18处，在建5处，已建成电子围栏系统15处，在建5处。同时，加快了信息基层设施建设，助力民生工作智慧化。一方面实施智慧就业工程，全县15家乡镇实现网上就业平台全覆盖，实现了招工信息网上发布、劳动技能网上培训。另一方面，实施智慧医疗工程，县中心医院已实现预约挂号，在线咨询，智能导诊，智能候诊，患者移动设备端（手机，ipad 等）检查报告查看等；县监控中心建成全县儿童免疫信息网络平台，全县 199 个村实现了适龄儿童规划免疫网络化管理全覆盖。同时实施教育信息化工程，完成标准化考点建设，实现国家教育系统考试考点监控系统全覆盖，保障中、高考的顺利实施。完成 102 所学校接入互联网工作，实现全县中小学互联网全覆盖。

2. 存在的问题分析

辽阳县的信息化是在城镇化的需求下，地方政府的大力引导下积极推进的，将产业转型设定为依靠工业本底，既淘汰落后产能，又在此基础上进行。因此就有了信息技术助力的传统制造业发展，引进高精尖铸造、新能源汽车企业。另一方面信息产业链条的打造需要上游产业，因此就以辽铜为基础，建立了电子信息产业集群，生产电子信息产品（机器人、太空舱）。但是这场以地方政府为主导的信息化大战，却因为多方因素存在着各种问题，直接影响着当地信息化的发展，并对新型城镇化的推进具有较大的负面因素。

首先，智能制造企业集中度低，没有形成强大的产业链。辽阳县的装备制造业经过多年的发展，培育了新风科技、三三工业等骨干企业，但是没有形成一个核心企业带动周围配套企业的产业群。企业间产品关联度小、生产衔接程度低，没有形成专业化的行业特色，大企业大而不强，小企业小而不专。

其次，智能技术人才不足，缺乏高精尖人才。多年以来，由于辽阳的城市规模及经济总量和大城市有一定的差距，所以在人才引进上存在先天的不足，一些高精尖人才不愿到县域企业就业，辽阳

179

本地培养出的高才生，毕业后极少回辽阳就业，本地职业教育培养的技术工人，在质量和数量方面均不能满足发展需求。

再次，电子信息产业发展形势严峻。现有的信息技术上游企业，因不掌握有竞争力的技术等原因，导致企业本身生产经营受到严重影响，上下游客户订单逐渐减少，人才流失，企业处境困难。同时，围绕其产品引进的几家下游电子信息企业，受制于产业链条不完备的影响，对扩大再生产持观望态度，进一步招商引资难度加大，辽阳县重点打造的电子信息产业集群遇到了发展的瓶颈。

最后，信息化与城镇化的融合还处于初期水平。信息技术在城镇化中的社会管理、基层设施建设的应用，总体上还处于"一事一办，各不相关"的状态。整个城镇的信息技术应用并没有形成一个系统，城镇的功能并没有得到整合。城镇规划、建筑设计、城镇产业、就业结构、城镇居民素质、城镇基础设施、城市管理、社会服务等等都需要信息化的提升，从而实现信息城镇化。并且城市与乡村的信息化并不同步，辽阳县乡村各方面的信息化与中心城镇相比又落后一大步，这些都是辽阳县新型城镇化目标实现的阻碍。

二、辽阳县新型城镇化对智能化技术的需求

就目前辽阳县信息化的基本状况，信息技术在改造传统产业提升产业的技术状态和管理水平及实现产业转型，促进城市管理及服务方面发挥了一定的作用，但同时也存在着一定的问题。并且信息技术在城镇规划与设计、城市生活空间、绿色环境、经济发展等多个方面的融合还远远无法满足新型城镇化的需求，因此解决原有问题，并进一步实现与新型工业化、城镇化、农业现代化、绿色化的融合发展，对信息技术的需求存在着很大的空间。

1. 城乡经济与社会的发展需要智能化技术

新型城镇智能化是信息技术演进的方向，辽阳县在城镇化、信息化发展及融合的过程中，也遇到了很多的问题。本书将物联网、云计算、大数据为代表的新一代信息技术及人工智能技术作为我国城镇化智能化技术的主体。

用物联网技术统筹物质资源。在前文分析过，辽阳县的产业结构调整，必须要基于传统制造业的优势，一方面建立以钢铁企业为基础的下游智能制造产业，另一方面打造与钢铁企业相衔接的上游电子信息产业集群。结果是智能制造企业集中度低，没有形成强大的产业链；电子信息产业力量的单一，一个环节出现问题就面临产业链断裂。在沈阳经济区内如果能将以用户体验为核心的创新 2.0 物联网技术应用到物品和物品之间进行信息交换和通信，不仅把城乡物质资源统筹起来，还能实现与辽阳县外部各经济区的物物相关，帮助企业了解生产资料和货源，及时获得满足发展需求的信息，解决电子信息产业原材料的调配问题，为高端制造业的发展提供新的空间。

用大数据技术、慕课技术解决人才缺乏及发展困境。辽阳县目前的人才不足，缺乏高精尖人才状况与东北整个发展状况是分不开的。东三省的人才外流已经成为一个大问题，而由于辽阳县的城市规模及经济总量和大城市又有一定的差距，所以辽阳县县域企业在人才引进上存在更大的困难，本地职业教育培养的技术工人，在质量和数量方面均不能满足发展需求。大规模开放的在线课程——慕课，对于教育资源匮乏的地区是一种优质教学资源的有效获得方式，本地人才的培养和提高有了更便捷的途径。同时大数据技术可以为辽阳县企业发展过程中，提供省内、国内甚至世界范围内的所需要的基础数据，为企业发展搭建技术基础平台。

用智能化技术加深与城镇化的融合。辽阳县城镇和乡村的信息化发展还处于初级阶段，利用信息技术如卫星定位技术、GSM／GPRS／CDMA 移动通信技术、GIS 地理信息技术等，可以在城镇化的过程中，帮助辽阳县掌握准确和动态的土地信息、交通信息、人流信息、生态信息等等。在城镇的建筑规划发展和个体的工作和生活中，人工智能技术与建筑、家居、服务、交通等的结合，为辽阳县实现社会生活和谐、空间宜居具有重要的推动作用。

2. 城乡基础设施需要智能化技术

新型城镇化的发展目标是实现城乡统筹，城乡二元化差别的消失。随着国家新型城镇化思路的推进，辽阳县也做了宜居乡村建设的计划，特色乡镇、特色小镇、美丽乡村、传统村落建设在辽阳县统筹推进、融合发展。城市的发展与乡村的建设同步进行是我国当前城镇化的最新要求。

辽阳县城乡基础设施的配置还存在随意性、盲目性，分级设置配置标准是城乡基础设施一体化的内在要求。应用 GPS 定位系统将城乡的建筑物实时连接，通过成千上万个覆盖地面、栅栏和低空探测的传感节点，防止要害部门被入侵。把感应器嵌入和装备到电网、公路、建筑、供水系统、油气管道等各种物体中，实现对水源涵养区、生态农业示范区、自然保护区、风景名胜区的灾害监测和应急管理。智能化技术还可以应用到辽阳县城乡公共服务体系中，社会保障、就业服务、基础教育、医疗卫生、市政设施、公共文化等职能和服务资源都可以通过信息技术实现共享和业务协同进而实现整合。

智能化是宜居乡村的固有要求。辽阳县的特色小镇，目标是应用现代信息传输技术、网络技术和信息集成技术，实现数字化管理全覆盖，发挥信息产业技术在经济发展、社会管理、服务民生方面的重要作用，提升智慧经济、智慧民生、智慧管理等方面建设，推动科技创新、制度创新，推进产业融合、区域协调发展，实现经济增长动力从要素驱动转向创新驱动，形成具有辽阳特色的智慧经济发展模式。因此信息技术在基础设施和公共服务方面的应用，是满足宜居乡村的固有的需求。

三、辽阳县智能化技术的跨越式发展展望

辽阳县政府制定的十三五工作计划中的重要一条就是培育壮大智能制造业。在全面落实《中国制造 2025 辽阳行动纲要》的基础上，坚持园区化承载、集群化发展的思路，依托向阳工业园区、兴隆工业集中区智能产业基础，围绕智能装备、智能生产、智能产品、智能服务等重点领域，以研发工程机械、电动新能源交通工具、数控机床等产品为主攻方向，培育壮大骨干企业，全面提升工业智能化水平。那么智能技术需要从哪些方面发展以实现辽阳县的需求呢？

1. 辽阳县新型城镇化的智能化技术发展方向

智能化的最高境界是智能一切可以智能的东西，这也是智能化技术在新型城镇化发展的必然目标。但根据辽阳县城镇化、工业化、信息化、绿色化、农业现代化发展的现状，以现有情状为基础是辽阳县智能化技术发展的直接需求。

工业智能化技术是实现辽阳县经济发展突破的关键力量。工业生产过程中，工业机器人加上互联网的使用会使得先进的、智能化程度高的机械设备实现人机信息交流，变得更加便捷。通过计算机数据处理技术为人机交互提供接口，而计算机的数据化、可视化、

自动化也为操作人员提供了足够的信息。而纳米技术的飞速发展，也极大地推动了机械制造智能化的飞速发展，它与超精密加工技术的结合将成为未来机械制造的核心技术，也将大大提高机械制造的智能化水平。随着人工智能技术的发展，机器人将能模仿人的行为，实现对生产制造过程的动态控制。这将对技术创新能力低的辽阳县高端制造业企业的发展带来前所未有的突破。

智能化技术与城镇建设、规划、管理、服务相融合，是实现辽阳县人民生活美好的重要推力。前文分析过辽阳县已有规划技术的得失，其中智能化技术的欠缺就是一个主要的方面。目前我国的规划技术与智能化技术的结合应用于城镇化建设中，已有一定的经验。新兴的航空遥感技术中的——无人机航拍摄影测量技术，在城市规划中的运用越来越受到重视，其在规划管理、规划编制、遗产保护、园林绿化方面都发挥了较大的作用[173]。辽阳县可以将类似的智能化技术应用在城市规划等领域，使城市规划更加高效、合理、科学。

绿色技术智能化，是实现辽阳县生态绿色发展的保证。建筑智能化是运用智能化手段进行节能的重要方法，光伏发电的相关智能化技术就充分利用了智能化手段。光伏发电有一种跟踪方式，就是利用CCD图像跟踪，太阳光在成像机构接收屏上投影形成光斑，接收屏正文的图像传感器采集接收屏上的图像，并进行光电转换、放大和A/D转换等处理，最后输出确定太阳位置的数字图像信号[174]。当然，节能技术的采用需要结合当地的独特特点，在辽阳县的东部山区就比较适合风力发电技术来实现节能。

2、智能化技术的实现需要政府的大力支持

技术创新决定了智能化技术发展的必然，而智能化技术的实现需要政府的支持及配套并帮助解决一系列相关问题，辽阳县政府应该基于现有的工作基础及存在的问题，在如下几个方面做好支持工作。

加大政策支持，拓宽融资渠道。县财政列支支持企业发展专项基金，进入辽阳县财政预算的盘子，用财政的少量资金带动民营资本的投入，用于支持工业经济发展。突出对新引进项目、技改项目、壮大规模、特色产业集聚等方面的奖励扶持。用足用好国家和省市支持工业企业的各类财政专项资金，积极争取国家和省市对重点项目及技术改造、智能装备制造、电子信息、中小科技型企业发展项目等专项资金支持，促进企业加快发展。

深入实施创新发展战略。举全县之力建设"首山经济开发区"，加大基础设施建设，引进科技型企业，突出抓好航空密封件、超大型盾构机、新能源汽车零部件等重点产品研发，着力打造成为省级高新区、创新基地。提升企业的自主创新能力，拓展上下游产业链，推进"零件"产品做强做精、"部件"产品系列化生产，最终把辽阳县建设成更富创新活力的智能装备制造业强县。

搭建交流平台，引进高端人才。紧紧围绕科技兴企、人才强基战略，继续扩大同东北大学、大连理工大学等高校科研中心，中国冶金规划研究院、中钢协等权威机构的合作共谋，积极引入先进研究成果，引导企业技术革新。牢固树立"人才是第一资源"的理念，扎实做好人才引进培养工作，培养辽阳县自己的技术型人才，为辽阳县智能装备制造业强县发展奠定基础。

进一步优化营商环境。持之以恒开展优化营商环境建设活动，贯彻落实优化营商环境"八个凡是"要求，统一思想，坚定信念，完善运行机制，强化服务企业能力，全力打造既"亲"又"清"的政商关系，提高政府的服务质量，为项目建设和企业发展提供强有力的软环境保障。

智能化技术使人们的生活更便利，改变了人的生活状态，甚至于对人的伦理、道德出现极大的冲击。小城镇建设的智能化技术是超越信息技术的综合性技术，智能化技术在交通、工业、农业、建筑、服务业的应用，是小城镇技术系统中技术创新的关键环节。智能化作为技术手段，使得绿色建筑可以拥有新的发展方向和着力点，人造物的智能行为使得小城镇的各种可持续发展特征得到保证。

第四节　5G 技术赋予小城镇建设新机遇

通信、信息、建筑、规划、能源及各种城镇化技术的选择，是5G 应用助推乡村振兴发展的必要手段。小城镇与城市相比较而言，基础设施薄弱、信息化程度低、产业结构单一、土地资源被粗放利用等问题明显。5G 的到来，不仅是无线通信技术发展质的飞跃。5G技术用更高的频率的电波带来了更大的带宽，也实现了更快的速度。相应的对地面基站数量的需求也大大提升，无论是微基站还是宏基站的建设，在乡村振兴发展的路上重新规划基础设施建设，比城市更具优势。乡村信息化程度低，可以通过 5G 与信息、建筑、规划等技术的深度融合，为乡村未来发展带来新的经济增长点和各种新的可能。人和物的相连，物和物的相连，为原本落后的乡村发展带来新的突破。绿色、宜居，经济快速健康地发展，这些乡村振兴的目标在 5G 应用的助推下，会比传统城镇化之路更高效、更有效。

一、国内对 5G 的相关研究

如何让农业强起来、农村美起来、农民富起来呢？这是一个现实的难题，而 5G 的应用为乡村振兴战略下小城镇发展带来了弯道超车的可能。5G技术的应用对于没有资源、人力短缺、经济落后、苦于找不到振兴方向与路径的乡村而言不亚于及时雨，将是特色村镇建设的救命稻草，并大有可为。

2019年10月，在举行世界互联网大会的乌镇，一辆5G远程驾驶汽车正在演示"开放道路5G驾驶"。2019年，被认为是5G"商用元年"，中国掀起了5G商用的浪潮，但对5G技术研发试验早在2016年就已经启动。近两年，对于5G的重要性、应用场景，及其不断发展的技术与设备，学者、工程师、企业家们纷纷加入了讨论

1. 对5G进行判断与分析的相关研究

在5G越来越多进入人们的视野，商用即将开始之际，对5G的应用与发展进行判断与分析，成为各界学者、企业家们绕不开的一个话题。中国移动董事长杨杰在今年的乌镇世界互联网大会上，宣称5G将成为信息流动主动脉，原有的人与物组成的时空结构与限制将被5G所突破，新业态、新模式、智能化、数字化将不断涌现。而中兴通讯的朱永涛则认为未来十年社会会因5G的应用而改变，随着其网络建设和产品体系的不断完善，这种改变将更加明显与令人难忘，随之带来的经济发展也是惊人的。工业和信息化部陈肇雄指出，5G不仅是网络强国建设的重要内容，也是制造强国建设的关键支撑。邓中翰则强调，5G将带来产业与科技的巨大进步，这种进步带动行业与经济的发展将是供给侧改革最大的机会。也有学者对5G技术的推广与应用做了全面的预测，如路璐等认为在全球5G技术产业蓬勃发展之时，初期运营商网络设备支出将占大部分比例，这将直接提升设备制造企业的收入。而刘韵洁院士通过对5G现状的分析提出我国与美国在5G方面的优劣各有不同，但都面临延时性和准确性的问题；甚至怎样才能拉开与美国的差距呢，这就需要整个国家经济的

发展配合了，因为当 5G 进入到实体经济中时，它代表的是一大批行业。

2. 对 5G 技术与设备相关发展的研究

5G 技术的实现与推广应用，需要实现从手机到时基站，这部分是移动通信在发挥作用，还需要核心网、互联网的共同作用才能实现整个的过程。既需要 5G 通信的关键技术，又需要传输推广过程中各种相关设备，因此从专业技术角度对 5G 进行研究基本是从这两个方面进行。

有专业人士分析 5G 确定性网络是满足智能电网和工业互联网垂直行业需求的必要的条件，确定性网络关键技术发展现状不一，如何实现低时延高可靠的确定性网络，仍然是 5G 承载网络技术面临的新挑战。也有工程师从 5G 关键技术发展面临的问题为出发点去思考问题，如现有的频段数量不够，频谱效率和系统容量都有待提高；5G 的高速使得流量使用量增大，怎么在技术方面能够实现价格的下降，从而降低资费；还有一些终端设备的配件与工艺，如电池寿命的延长等都成为要突破的技术节点。

工程院院士邬贺铨针对人们对 5G 电磁辐射方面的误解从专业角度进行了解读，他提出 5G 基站数量更多、频率更高，不等于辐射更严重；因为 5G 的频率更高，所以它的信号衰减更快，它的辐射比 4G 还低。工业和信息化部副部长陈肇雄指出到 2019 年 9 月已开通 5G 基站 8.6 万个，并且 5G 产业链也在进一步成熟，基站芯片、手机终端等应用设备也在不断提升

3. 对 5G 应用场景的相关研究

对于 5G 的应用场景与范围的研究与讨论是最热烈的，各界学者依据自己的研究专长，做出了各种判断与预测。在 2014 年 10 月刚

刚结束的世界互联网大会上，中兴通讯的朱永涛认为未来十年人类社会将由 5G 改变，也就是说 5G 的应用将使很多的行业数字化，大量智慧工厂的产生会改变整个社会，并成为新的经济增长引擎。

5G 时代，万物互联，传媒行业对自身行业的发展困境与未来发起了讨论。刘晓斌提出传媒行业在 5G 时代来临之时正面临着前所未有的危机，媒体人应该引起警醒，如果还是固守原理的思维与管理，必然在洗牌中被淘汰。对于这一问题，金成柱直接提出各种传媒应该以 5G 技术为基础，进行变革；媒体间的融合成了有效的手段，直播和 VR 新闻不失为媒体进行融合的适当切入点，媒体人的思维也要以"互联网＋"方式进行垂直领域深；并预测场景社交可能会成为新媒体的发展方向。

在 5G 的实际应用过程中，对于实时性依赖比较大的数据包影响是最直接的。因此，一些学者对于 5G+ 智能交通进行了分析判断。邬建军认为在无人驾驶、智能交通管控、智能车路协同系统等方面，5G 赋能是取大的；5G 的技术特点，使得交通信息的获取更加清晰。廖佳鑫分析了在城市轨道交通中，5G 通信技术可以应用在端到端通信中、大规模天线列阵中、绿色通信中等方面。

5G 的应用会在工业制造上得到极大的发展。孙柏林和刘哲鸣认为如果 5G 关键技术应用在物联网、工业自动化控制及工业 AR 等方面，全面智能制造的实现将成为可能。5G 也将极大的改变人们的日常生活。如在图书馆的发展前景上，任娟莉和王若鸿认为将 VR 与 5G 网相结合，图书馆整体上将得到升级成为智慧图书馆。如果将 5G 与教育相结合，王胜远和王运武认为教育的传播载体就将发生极大变化甚至影响到教育传播的效果。黄堂森和何健俊认为 5G 如果在人工智能上应用，将会产生一系列智能生活用品，比如将 5G 与 AI

结合，智能家居产业将不断创新。在医疗方面，已经开始尝试对 5G 实现与医院的共建，如佛山市中医院就携手中国移动尝试在 5G 网络技术下进行骨科手术。

小结：对 5G 相关问题的研究，一方面在重视关键技术与设备的同时关注 5G 推广与应用的实施，而另一方面政府、企业正在不断努力解决关键技术，并着力进行推广。但因为 5G 的商用才刚刚开始，5G 的产业链还没有形成，实践还处于摸索的初级阶段，对 5G 的研究也处于不断发展变化的过程中。对新事物发展的探索既是必要的也是一种挑战，需要考虑的环境的因素比较多，5G 商用作为新事物，它为了适应新环境将会有哪些新结构、新因素正是本书探讨的关键。

二、5G 技术推广应用现状必要因素

一提到 5G，相对于 4G 而言，人们最直接的反映就是"快"，信号快传输快。对于普通网民来说，用 5G 下视频会更快，打游戏时延会大大降低。2019 年 10 月 31 日，全国 5G 商用正式启动。随着 5G 正式商用时间为 2020 年的目标确立，在 2018 年中，5G 的应用就被广泛重视，各方面动作频繁，都在努力为这一目标到来提前做好最充足的准备。

1. 作为新经济发展重要通道的 5G 正在积极被推广

北京、上海、浙江、广东、江苏、四川等省市的地方政府和企业已经对 5G 的发展呈现高度重视，并且也是 5G 相关产业发展基础比较好的区域

在我国经济转型的大背景之下，地方政府如北京、重庆等省市纷纷将 5G 发展作为未来经济发展的重要赛道，一批地方性 5G 发展规划密集出台。5G 应用具有标准层话语权的企业如华为、三大运营

商在全力运作，而 5G 是多种技术的融合，5G 技术的推广与应用会形成新的产业链。产业链除了信息行业企业之外，制造、交通、教育、医疗、文化、传媒、服务、城建、能源诸多行业的企业都将在未来占有一席之地。这种 5G 与其它行业、技术融合发展程度的不确定性，也给未来各行业、地方经济发展带来了无限的潜力与可能。同时，资本也将 5G 应用作为投资的重要方向之一。沈阳市作为 5G 试点城市，将率先有四个示范区率先进入 5G 时代，这四个示范区分别是制造型企业与高科技企业。在 2019 年 10 月末，辽宁有 8 家单位被授予辽宁首批"中国移动 5G 应用示范区"，这些单位中有工业企业、科研院所、高校，他们将围绕"5G+ 工业"进行示范区应用推广。良好的基础加之高度重视，这些区域势必成为未来 5G 应用发展的先行区域，也会是最先受益的区域。同时，科研院所、高校、个人创业者们对于 5G 应用的创新创业热情，所起到的力量是 5G 应用助推乡村振兴发展不可忽视的一环。

各个层面都意识到了 5G 应用的重要性，但是具体到细节，这些新技术如何落地，是随着 5G 技术自身发展及与多技术融合的具体情况才能逐渐确定下来的

2. 5G 应用需要系统性的支持

据工信部下属机构中国信息通信研究院在发布的《5G 经济社会影响白皮书》中预测：到 2030 年，5G 直接和间接带动的总产出将超万亿。

马克思主义认为，新事物的产生，总是要适应环境的不断变化，新事物之所以新是有新的要素、结构和功能；它符合人民群众利益和要求，新事物发展也是需要一个过程的。

5G 作为新事物，它的应用与发展是一个过程，在这个过程中，

环境要素至关重要。这些要素包括地方政府、技术企业、应用企业、科研院所、高校、资本、具有这方面创新创业热情的个人等等。涉及的行业广泛，每一个要素都是 5G 这个新事物推广过程中的重要因素。地方政府是支持政策的制定者，是 5G 基站等基础设施规划者，当然地方经济也是 5G 应用带来的受益者；技术企业与应用型企业是推动者与运作者，也是 5G 应用的直接受益者；科研院所、高校为 5G 应用技术融合带来推动作用；资本是投资者也要从中受益；而对此有创新创业热情的个人，也会在 5G 应用推广过程中起到不可或缺的作用。这些因素形成一个系统，共同作用于 5G 应用这一新事物的发展。

三、5G 应用为乡村振兴小城镇发展带来新动力

专业人士谈 5G 应用与城市发展相结合时，提出"城市数字化就是运用'最多跑一次'的理念"。那么对于乡村来说，5G 的应用与推广可以提供怎样的前景呢？

乡村振兴战略下的小城镇发展是在我国城镇化伴随着工业化快速发展的现状之下，提出的针对乡村衰退，发展我国农村的新政策与新目标。但乡村振兴也好，新的乡村建设也好，不等同于城市建设，我们已经为先污染后治理的城镇化模式付出了惨痛的代价，所以不应照搬城市的发展模式来建设乡村、振兴乡村，也不应用工业化的发展模式来取代农村的乡土建设。乡村振兴应该是基于不同乡村自身的特点，形成个个乡村都有自己独特品质，一村一特色。5G 应用助力乡村振兴发展，会产生出诸多的新型业态。

1. 助力生态环境良好乡村发展智慧旅游

衰退的乡村，有很多发展缺陷，如资源匮乏、人力资源短缺等，

仅仅生态环境良好、具有一定历史文化背景。针对如上特点的乡村，智慧交通的发展、智慧景区的应用，为其找到振兴的新途径。

5G 应用到无人驾驶与远程驾驶场景中，不需要驾驶员或者其他人在车内，就可以解决旅行的交通工具问题；导游、客服、导览服务可以采用 AI 技术；景区内的厕所、停车、售货、酒店，甚至是路灯等基础设施都可应用到 5G 技术；将无人机与 5G 技术结合，解决景区安防与物流问题。这些应用于旅游，将大大节省人力，提高效率，并让旅游者远离危险。前期的高投入，会带来长久的效益与发展。

2. 远程医疗使得乡村养老模式成为可能

国人的乡愁情节及我国老龄化社会的来临，使得养老问题成为一个重要的社会问题。很多人有到乡村养老的需求，但是乡村医疗条件的限制，成为这一需求得不到满足的重要因素。

5G 应用使得远程医疗加到了实现的脚步，基于 5G 网络的远程医疗，将对农村的医疗现状产生深远变革。虽身在乡村，利用远程医疗就可以请远方的名医为你诊断、看病。搭载 5G 网络的救护车高清晰度视频通信系统将更好保证医院在患者到达前做好充分准备，从而快速投入抢救。在日常个人健康维护中，可以使用可穿戴设备收集、检测人体的各项生命指数和质量指数，保证健康系统正常运行。依托乡村优质的自然环境，建设基于 5G 技术的高质养老院，会成为我国老龄化社会人们养老的一个新选择。

3. 以智慧农业为主的特色产业改变乡村经济基础

乡村振兴要振兴的是落后的乡村、经济不发达的乡村，这些农村往往产业基础薄弱，还缺少劳动力，发展后劲不足。优先发展农业，形成农业特色产业成为支柱产业，是改变乡村原来产业结构不合理，又没有新的产业发展动力的尴尬状况，产业振兴决定乡村振兴，成为乡村振兴发展的根本动力。

5G 的应用中可以将信息技术与农业生产密切结合起来，利用 5G 高速网络以及多种传感器，可以随时监控土壤的湿度、温度、肥度等各种影响农作物产量的因素，并做出实时处理，从而提高农作物的产量。更重要的是，还可以节约人力成本，减少体力劳动需求，提高农业生产的效率。在增加产量为根本目标的基础上，发展绿色农业。同时，应用 5G 与人工智能相结合，智能工厂的实现与引入，将推动农村的工业化进程，使农村的产业结构更加合理化，更后继有力。

4. 新零售业态的发展实现乡村人民享受无差别消费服务

乡村振兴战略下的小城镇发展的最终目标就是实现"农村人"与"城市人"的无差别生活，但就目前实际情况来说，农村人民的美好生活目标中生活的便利是老百姓最基本的需求。5G 商用的来临，不仅为新零售业态的发展带来机会，更是农村人民实现生活便利的机遇。

在 5G 新的通信技术支持下，新零售业的发展可以做到服务人员和对象的分离。农村由于人力资源数量与水平的欠缺，在各种消费领域作为消费者能够享受到的服务与城市存在各种差距，而 5G 技术下的新零售，使得农村的消费者可以享受异地甚至异国的服务；并且利用新技术可以实现服务中的部分产品的储存功能，可以让消费者反复享受这一服务。这一服务业态提供的服务是标准化的，对于农村与城市的消费者来说，享受的服务是一样的。

5. 绿色、宜居的智能乡村小镇成为未来发展趋势

不以破坏生态环境为前提，乡村的绿色发展才是正确的发展道路，居住的环境、空间、设施及基本福利得到改变与提升，是乡村

振兴的主要目标之一，5G 将在这些方面做出极大贡献。

农村的基础设施建设与城市存在极大的差距，教育资源配置的失衡，造成了人口的流失，娱乐生活单一影响着村民的精神生活。应用 5G 建设智慧乡村，解决人居环境，推进基础设施建设的智慧化，乡村建设、规划、管理、服务与 5G 相融合。利用 5G+VR 远程教育可以打破时空的限制，解决教育资源配置失衡问题，使得农村与城市的孩子一样，都能接受最好的教育。智慧家居，也因为有了5G 技术的推广将真正成为生活中的一部分。利用 5G+AR 将带给人们连接媒体的全新方式，3D 全息技术、触觉服装和高级互动娱乐等新型应用方式也会出现，家居娱乐也会成为新的娱乐形式，这些都将改变乡村单一的娱乐方式

四、5G 应用推广助力小城镇发展需要合力作用

前文我们分析过 5G 的应用推广是一个系统的问题，几乎涉及了所有的行业。对于政府、企业来说，是创新的基点、是新的发展机遇。5G 技术的发展主要依靠三大电信运营高和主设备厂商如华为推动，但是 5G 的应用离不开政府部门与企事业单位的助推。以系统的观点看待乡村振兴战略下的小城镇的 5G 应用推广是由其自身的特点决定的。如下几个方面的要素在这个动态发展的系统中起到主导作用，也可说是 5G 应用推广助力小城镇发展要解决的主要矛盾。

1. 地方政府部门是规划者也是政策支持者起到主要作用

地方政府的决定与视野决定了 5G 应用推广是否能够助力乡村振兴战略下的小城镇发展，并起到主要作用。按照很多省、市政府的规划，优先将 5G 应用于城市区域，这样的决定虽然是基于城市发展整体考虑，但政府在其扮演角色之重要性决定了其下一步的工作计

划能否为 5G 应用推广助力乡村振兴至关重要。地方政府是这一行动支持政策的制定者，是 5G 基站等基础设施规划者，当然地方经济也会是 5G 应用带来的受益者。如果地方政府没有意识到 5G 应用与乡村振兴之间的重要联系，那么 5G 推广的乡村配套设施建设无从谈起，当地的乡村振兴就失去了一个重要的推手。

2. 企事业单位是主要操作者也是受益者起到推动作用

5G 时代，技术是基础，应用是关键，各企事业单位在这一层面上起到重要作用。

5G 应用，与各项技术与行业的融合处于产品研发和应用示范阶段，但对于行业的深度需求挖掘不够。技术企业与应用型企业是推动者也是运作者，更是 5G 应用的直接受益者，这一产业链百亿的动能需要凭借实力去瓜分；建立在技术企业对技术融合的创新与应用企业对应用的有力推广基础上的，两者之间的不断合作与突破才是 5G 应用的重要环节。5G 应用市场的不断创新，需要产业各界深入的探索并寻求新的商业模式。科研院所、高校为 5G 应用技术融合带来推动作用，5G 各类应用与 5G 产品研发试验深度结合是推动 5G 应用不断向规模化、多样化发展的必要条件

3. 个人创新创业者是必要的环节作用不可或缺

根据小城镇的特点，资源匮乏、人力资源短缺、产业基础薄弱都是制约乡村振兴的不利条件。并且，前文我们已经强调过 5G 应用将涉及几片所有行业，并有万亿的机会在等待瓜分。这个未来的新兴产业包涵面之广，带来的发展机会之多，超出人们的想象。如 5G 无人驾驶或远程驾驶汽车，车的安全检测一个角度就需要有专业人士为其提供大量数据，这些数据就是财富。对此有创新创业热情的个人，是企事业单位在运作与推广 5G 过程中不可缺少的助力与环

节，新的创业者们的作用既是有益的补充，也是在 5G 应用推广过程中不可或缺的因素。而对于个体来说，可大量解决就业问题；对于 5G 应用推广来说，是必要的因素；对于沈阳市乡村振兴来说，是有力的保证。

六、5G 应用助推小城镇发展的路径探析

在无法实现物质极大丰富的前提之下，通过技术手段有助于实现人与人的平等，消除贫富差距，这是社会主义优越性的体现，而在资本主义国家也是一种缓解社会矛盾的重要方式。乡村振兴要实现的是农村人与城市人的生活平等，需要新的支柱产业作为经济基础，农村人生活、教育、医疗、基础设施等方面与城市人的平等。农村人与城市人过着同质量的生活是最终目标。

1. 自上而下的省、市各级政府行动能力是 5G 推广与应用的基础

负责政策制定与推广。国际社会将 5G 看作是新的技术背景下国家之间较力的重要手段及实现途径，那么作为地方政府更应该认识到这一事件的重要性。自省政府到市政府，应在 5G 助力乡村振兴发展推广这一问题上放在战略高度上，发布相关的政策，强推及助力及其推广的途径与层面，各级县、村镇政府应围绕政策的执行加强行动能力。相关推广政策的制定，应该在遵循 5G 不断发展的前提下，不断修正相关的政策，真正为 5G 产业链的形成与延伸起到支撑。

创立公共机构执行。沈阳市政府可创立 5G 推广的公共机构来具体执行这一任务，这不仅会成为地方政府创收的一个重要来源，也可借此发展地方政府的责任感。市政府相当于搭建一个 5G 乡村振兴

发展的平台，借助政府公共机构在创新发展、调动区域资源、号召力占优势的前提下，为各级地方政府与企业提供新的发展机遇，为个人创造就业机会。地方经济发展，乡村得到振兴的同时，农村人也得到了更好的服务。

2. 不能停留在政治层面，需要联合所有利益相关者

所有成功的经验都表明，只有公众都意识到一个问题的重要性，都参与到其中，才能真正解决问题。如前文所分析的那样，除了依靠政府自上而下的推动之外，相关的利益者如企业、科研院所、高校、创新个体、普通农民等等，这些自下而上的力量，在5G助力乡村振兴发展进程中都同样重要。

5G助力小城镇发展不能停留在一个层面，不同层级的相互协作是解决问题的关键。省、市政府发布政策、法规，县、区、乡镇各级政府积极推广、协调。科研院所、高校，不断就5G技术在具体行业的推广做好技术研发、创新，为其产业链的延伸提供技术基础，并保证其顺利运行。通信技术企业通过自身的技术创新及与技术研发的科研院所、高校合作，不断研发推进5G技术的发展与成熟。工业制造业、农业、服务业等传统企业应积极寻求与5G技术的相融合，调整生产动力与方向。有创新创业热情的个人，在企事业单位在运作与推广5G的过程中，抓住新技术运行中所必需的环节也因素，填补上企业力不能及的部分。农民作为5G助力乡村振兴发展的直接受益者，应该意识到这项技术推广对农村人和农村生活可能带来的翻天，在基站建设、征地及其他可能影响到现有生活的方面不应起阻碍作用，并且且意识到自己在这个问题上应该担负起的共同责任。

多层级是不同的"一"，具有各种多样性。但依据马克思主义矛

盾对立统一规律告诉我们，"和谐"——解决问题，就是由多样不同的"一"达成的同一。只有所有层级的联合与共同努力，才会使得5G助力小城镇发展成为一个整体问题。

3. 以5G新技术助力产业结构转型迎来乡村新业态

按照技术发展规律，当代以互联网技术为代表的信息技术革命的出现，内在带来的必然是原有产业结构的调整。以辽宁沈阳为例，作为老工业基地，一、二、三产的比例并没有符合当今新技术革命的需求，这也成为沈阳及至辽宁经济发展面对的一个重要难题。

5G新技术助力各种行业及产业，迎来乡村新业态，会带来乡村甚至是整个城市的产业结构转型。一个新技术从出现到落地成为成熟的应用，一般需要经历一段过程。以5G技术与传统产业相结合，借此机会设定新愿景。努力结合经济、社会和环境目标与任务，并不断地设定新目标、新任务和新服务。农村与农村人在5G的推动下，可以将新的生活方式、生态环境质量进一步提升作为目标，建立资源节约型、低排放、降低能源消费、提高可再生能源利用是乡村发展的新愿景。

5G助力形成有特色的都市农业。一个城市下辖的小城镇都有自己的农业产品资源或农业特色品牌。可以利用5G高速传播的特征，在农作物产量方面下功夫。种植农作物时利用多种传感器来监督生长过程，并做出相应处理。并且在销售途径上充分利用5G助力的传播平台，将电商模式创新发展。

5G应用与人工智能相结合。调动与调整城市原有相关产业的企业发展与创新，节约人力资源成本。并结合农村的特色农业，对其做深加工，延伸农产品品牌的产业链，提高经济收入。实现工业的绿色发展，并借此使产业结构更加合理化，进而推动实现城市产业结构的调整。

5G 助力乡村旅游形成精品线路。在原有的旅游线路的基础上，针对各村镇生态环境基础，开发一村一特色的乡村旅游路线。对于具有一定历史文化背景的乡村，利用 5G 开发智慧景区。对于生态环境良好的乡村，利用 5G 发扬景观特色。智慧交通、远程驾驶、无人驾驶解决旅游的交通工具问题，利用 5G+AI 技术解决服务的问题，利用 5G+ 无人机技术解决安防与物流问题。

总之，事物的出现，需要不断创新和发展，创新者与先行者会面临更大的机遇与挑战。5G 技术还在逐渐成熟和发展，它的应用也都是在尝试和探索中，5G 具体能应用到哪些行业，与哪些智能化技术等深度融合到什么程度还比较模糊。很多省市的政府部门对此已经给予了极大的关注与热情，这些省市将率先成为 5G 应用的试点区域。抓住这个新机遇，打有准备的新战役，将会为乡村振兴战略下的小城镇发展提供最大的保证。同时，也会为城市的发展，提出更多的有效方法与途径。

参考文献

著作类：

[1] 马素贞 . 绿色建筑技术实施指南 [M]. 北京：中国建筑工业出版社 ,2016:4.

[2] 王俊等 . 国外既有建筑绿色改造标准和案例 [M]. 北京：中国建筑工业出版社 ,2016:25—33.

[3] 胡虎等 . 三体智能革命 [M]. 北京：机械工业出版社 ,2016:7.

[4] 阿维·弗里德曼 . 中小城镇规划 [M]. 周典富译 . 武汉：华中科技大学出版社 ,2016:76—79.

[5] 费林·加弗龙等 . 生态城市——人类理想居所及实现途径 [M]. 李海龙译 . 北京：中国建筑工业出版社 ,2016:12—14.

[6] 尼尔·D. 希拉 . 新生态住宅绿色建筑完全指南 [M]. 管振忠 , 薛一冰译 . 北京：中国建筑工业出版社 ,2016:192—198.

[7] 亨利·丘吉尔 . 城市即人民 [M]. 吴家琦译 . 武汉：华中科技大学出版社 ,2017:66—67.

[8] 雷金德洛兹等 . 城市设计技术与方法 [M]. 杨俊宴译 . 武汉：华中科技大学出版社 ,2016:5—8.

[9] 史蒂·夫派尔等 . 无法统驭的城市 : 秩序与失序 [M]. 张赫等译 . 武汉 : 华中科技大学出版社 ,2016:216—217.

[10] 朱迪丝·德·容 . 新型城市郊区化 [M]. 张靓秋 , 宫本丽译 . 武汉 : 华中科技大学出版社 ,2016:3—17.

[11] 马茨·约翰·伦德斯特伦等 . 可持续的智慧——瑞典城市规划与发展之路 [M]. 王东宇等译 . 南京 : 江苏凤凰科学出版社 ,2016:20.

[12] 布伦丹·格利森 , 尼尔·西普 . 创建儿童友好型城市 [M]. 丁宇译 . 北京 : 中国建筑工业出版社 ,2014:66—70.

[13] 中国城市和小城镇改革发展中心课题组 . 中国城镇化战略选择政策研究 [M]. 北京 : 人民出版社 ,2013:2.

[14] 马克思 , 恩格斯 . 马克思恩格斯全集 , 中文 1 版 , 第 26 卷 III[M]. 北京 : 人民出版社 ,1974:327.

[15] 厉以宁 , 程志强 . 中国道路与新城镇化 [M]. 北京 : 商务印书馆 ,2013:271—273.

[16] 李德顺 . 价值论——一种主体性的研究 [M]. 北京 : 中国人民大学出版社 ,2013:200.

[17] 赵哲身 . 建筑智能化节能技术 [M]. 上海 : 同济大学出版社 ,2013:77.

[18] 李从军 . 迁徙风暴城镇化建设启示录 [M]. 北京 : 新华出版社 ,2013:2.

[19] 厉以宁 . 新型城镇化的五个导向——以江苏省宿迁市为例 , 中国道路与新城镇化 [M]. 北京 : 商务印书馆 ,2012:266.

[20] 迈克尔·P· 布鲁克斯 . 写给从业者的规划理论 [M]. 叶齐茂 , 倪晓晖译 . 北京 : 中国建筑工业出版社 ,2013:14.

[21] 喻新安 , 吴海峰 . 新型三化协调论 [M]. 北京 : 人民出版

社 ,2012:43.

[22] 耿明斋 . 城镇化引领 "三化" 协调发展 [M]. 北京 : 社会科学文献出版社 ,2012:28.

[23] 李兵弟 . 中国城乡统筹规划的实践探索 [M]. 北京 : 中国建筑工业出版社 ,2011:35.

[24] 远 德 玉 , 陈 昌 曙 . 论 技 术 [M]. 大 连 : 辽 宁 科 技 出 版社 ,1986:163.

[25] 巴克拉捷 . 近代德国资产阶级哲学史纲要 [M]. 涂纪亮译 . 北京 : 中国社会科学出版社 ,1980:25.

[26] Reuben S. Rose-Redwood. *Genealogies of the Grid*[M].The Geographical Review,2008,(1):42-58.

[27] Michel Foucault. *Power(The Essential Works of Michel Foucault,1954-1984, vol,3)*[M].New York: The New Press,2000:364.

[28] Jill Grant. *The Drama of Democracy: Contention and Dispute in Community Planning*[M].Toronto: University of Toronto Press,1994:219.

[29] World Commission on Environment and Development. *Our Common Future*[M]. Oxford University Press, New York,1987.

学位论文类:

[1] 王丹 . 中小城镇综合供能系统开发模式决策研究 [D]. 西安建筑科技大学 ,2020.

[2] 张江峰 . 岷江上游民族地区旅游小城镇研究 [D]. 西南民族大学 ,2020.

[3] 林岩 . 以环境和需求为导向的小城镇 "自下而上" 城市设计

途径研究 [D]. 东南大学 ,2019.

[4] 周合喜 .UAF-BAF 处理小城镇污水的效能及生物膜特性研究 [D]. 哈尔滨工业大学 ,2019.

[5] 陈灼 . 移动互联网背景下小城镇用户数据流量消费行为研究 [D]. 成都理工大学 ,2019.

[6] 佘渝娟 . 可持续建设视角下西南地区山地小城镇基础设施投资组合研究 [D]. 重庆大学 ,2018.

[7] 贾超 . 厌氧好氧生物滤池组合工艺处理中小城镇生活污水效能研究 [D]. 哈尔滨工业大学 ,2017.

[8] 程雪峰 . 基于土地城镇化空间分类的多规空间对接技术研究 [D]. 沈阳 : 沈阳农业大学 ,2016: ⅰ — ⅱ .

[9] 曾文 . 转型期城市居民生活空间研究——以南京市为例 [D]. 南京 : 南京师范大学 ,2015:6.

[10] 马侃 . 产业结构视角下技术进步对山西省新型城镇化影响研究 [D]. 太原 : 太原理工大学 ,2015: Ⅰ — Ⅱ .

[11] 高悦 . 核电技术发展的社会选择问题研究 [D]. 哈尔滨 : 哈尔滨工业大学 ,2014:50.

[12] 孙翘 . 中意两国对于城镇质量问题研究的比较 [D]. 上海 : 同济大学 ,2014:39.

[13] 陆容立 . 欧洲智慧城市实践中的主体互动关系研究 [D]. 上海 : 同济大学 ,2014:11.

[14] 陈敏 . 城市基础设施用地集约化研究—邻避基础设施部分 [D]. 上海 : 同济大学 ,2014:74.

[15] 杨洋 . 中国区域工业化与交通资源配置协调研究 [D]. 北京 : 北京交通大学 ,2013:16.

[16] 王敏.基于工具理性与价值理性关系的技术选择问题研究 [D]. 长沙：湖南大学 ,2009: 摘要 .

[17] 鞠晓伟.基于技术生态环境视角的技术选择理论及应用研究 [D]. 长春：吉林大学 ,2007: 摘要 .

[18] 刘剑凌.论技术的社会选择 [D].南昌：南昌大学 ,2007: 摘要 .

[19] 袁凤飞.基于技术体系的技术选择问题研究 [D]. 上海：同济大学 ,2006:49.

[20] 袁凤飞.基于技术体系的技术选择问题研究 [D]. 上海：同济大学 ,2006:56—57.

[21] 凌小萍.技术发展的社会选择研究 [D].南宁：广西大学 ,2004: 摘要 .

期刊类：

[1] 李敢.城乡一体化的"实践逻辑"与"实践过程"[J]. 城市规划 ,2021,45(03):109—114+120.

[2] 李志强 , 高亚州 ."结构困境"到"内生聚合"：特色小城镇复合生态发展的现实逻辑 [J]. 西北农林科技大学学报 (社会科学版),2021,21(02):1—11.

[3] 汤晓宇 , 梁峻 , 蒋文伟 . 基于 GIS 网络分析法的小城镇公园绿地可达性研究 [J]. 现代园艺 ,2021,44(05):38—39+202.

[4] 孙晟.基于生态导向的特色小城镇规划策略论析 [J]. 建筑经济 ,2021,42(03):20—21.

[5] 王志超.小城镇老院区高层医疗建筑设计研究 以桂平市人民医院 2 号住院楼为例 [J]. 中国建筑金属结构 ,2021(02):136—137.

[6] 许晶.基于核心素养的 FGCPP 小城镇城市设计课程改革实

践 [J]. 高等建筑教育 ,2021,30(01):111—116.

[7] 梁青青 . 改革开放 40 年来云南省小城镇环境保护问题研究 [J]. 江苏农业科学 ,2021,49(03):198—203.

[8] 符湧 , 胡凯 , 黄春雨 . 城乡融合发展下欠发达地区小城镇发展思路研究——以江西省为例 [J]. 广西城镇建设 ,2021(01):13—15+21.

[9] 袁青 , 赵妍 , 冷红 . 形态类型学视角下小城镇居住街区能耗模拟 [J]. 哈尔滨工业大学学报 ,2021,53(02):122—131.

[10] 杨一帆 . 小城镇——我们的责任、我们的领域、我们的梦想 [J]. 小城镇建设 ,2021,39(01):1.

[11] 赵毅 , 李弘正 . 宜居小城镇评价与建设研究 [J]. 小城镇建设 ,2021,39(01):5—15+31.

[12] 方道馨 . 基于小城镇以及乡村发展实践的苏州城乡一体化 [J]. 建筑与文化 ,2021(01):147—148.

[13] 徐侃 , 彭秋艳 , 祝欣豪 . 浅析新时代下小城镇升级发展路径 [J]. 建筑与文化 ,2021(01):39—40.

[14] 李冠元 , 陈柏辉 . 传统村落集聚型的小城镇发展研究——以杭州市大慈岩镇为例 [J]. 城市建筑 ,2021,18(02):31—35.

[15] 李果 . 乡村振兴背景下农业型小城镇发展对策和建议——以成都农业型特色镇为例 [J]. 四川建筑 ,2020,40(06):29—30.

[16] 张怀志 . 城乡关系与小城镇总体规划探讨 [J]. 智能城市 ,2020,6(24):99—100.

[17] 林建铭 . 小城镇建设存在的主要问题及应对方法 [J]. 安徽建筑 ,2020,27(12):53—54.

[18] 李莉 , 罗经纬 . 小城镇环境综合整治绩效 CSI 评价——以浙江省台州市为例 [J]. 中国乡镇企业会计 ,2020(12):134—137.

[19] 马雪梅,尹娜.乡土景观元素在小城镇景观提升中的应用探究——以北票市大板镇为例[J].沈阳建筑大学学报(社会科学版),2020,22(06):548—554.

[20] 孟湘淮.基于反规划理论的小城镇工业遗产更新研究[J].山西建筑,2020,46(24):20—21.

[21] 程文亮.基于创新驱动的传统特色产业小城镇产业转型升级探析[J].商业经济研究,2020(23):173—177.

[22] 程梦.小城镇环境综合整治的"湖北模式"——以"擦亮小城镇"行动50个试点乡镇为例[J].城乡建设,2020(22):62—65.

[23] 陈明曼,张应青,蔡伟光,仲宇轩.基于兴趣点大数据的特色小城镇建设水平评价研究——以重庆市13个国家级特色小城镇为例[J].工程经济,2020,30(11):5—10.

[24] 张晓东,姚宗建.城镇化发展中的小城镇特色建设问题研究[J].安徽农业大学学报(社会科学版),2020,29(06):46—51.

[25] 胡嘉琦,朱耘.筑巢引高新技术产业助力小城镇迈进"大都市圈"[J].商学院,2020(11):105—106.

[26] 张雨桐.贵州小城镇发展研究[J].合作经济与科技,2020(22):25—27.

[27] 李瀚,应君.小城镇绿色基础设施的气候适应性设计[J].中国城市林业,2020,18(05):88—92.

[28].关于推进特色小(城)镇建设研究[J].决策咨询,2020(05):33—37.

[29] 张林,刘作燕.生态环境保护下山地小城镇产业发展规划研究——以镇沅县九甲特色小镇规划为例[J].低碳世界,2020,10(10):94—95.

[30] 牛永胜.小城镇燃煤锅炉热源替代方案研究 [J].华北科技学院学报,2020,18(05):61—65.

[31] 李梦怡.小城镇旧城改造中存在的问题及应对措施分析 [J].砖瓦,2020(10):61—62.

[32] 徐李璐邑.都市圈内郊区小城镇发展现状、问题与建议——以北京市为例 [J].城市,2020(09):26—34.

[33] 张泽义.环境污染、长江经济带绿色城镇化效率及其影响因素——基于综合城镇化视角 [J].财经论从,2018,(2):3—10.

[34] 江波."以人为核心"的城镇化:内涵、价值与路径 [J].苏州大学学报哲学社会科学版,2017,(3):41—47.

[35] 罗小锋,袁青.新型城镇化与农业技术进步的时空耦合关系 [J].华南农业大学 (社会科学版),2017,(2):19—26.

[36] 赵海洋等.国防关键技术选择中备选技术清单研究 [J].国防科技,2017,(1):33—37.

[37] 董娇娇,王琳.无人机摄影测量及在城市规划中的应用 [J].中外建筑,2017,(8):103—107.

[38] 周晓敏,杨先农.绿色发展理念:习近平对马克思生态思想的丰富与发展 [J].理论与改革,2016,(5):50—54.

[39] 赵永平,徐盈之.新型城镇化、技术进步与产业结构升级——基于分位数回归的实证研究 [J].大连理工大学学报 (社会科学版),2016,(2):56—64.

[40] 葛赢等.基于新型城镇化下的乡村景观规划与建设技术研究——以新沂窑湾镇刘宅村为例 [J].中外建筑,2016,(5):104—109.

[41] 刘宝福等.价值论视域中的新型城镇化建设面临的问题及反思 [J].南华大学学报 (社会科学版),2016,(4):31—36.

[42] 苏亚晓, 丁玲. 信息技术推动中国新型城镇化的途径探讨 [J]. 企业技术开发, 2016,(8):82—83.

[43] 陈雯, 苗双有. 中间品贸易自由化与中国制造业企业生产技术选择 [J]. 经济研究, 2016,(8):72—85.

[44] 王永胜. 焦化行业节能减排关键技术选择初步研究 [J]. 煤质技术, 2016,(1):48—52.

[45] 刘书雷等. 国防关键技术选择体系框架和应用方法研究 [J]. 科技管理研究, 2016,(12):192—196.

[46] 丁浩等. 新型城镇化与经济发展的时空耦合协调研究 [J]. 统计与决策, 2016,(11):122—125.

[47] 朱越浦, 黄新建. 城镇化对经济发展的影响及其渠道研究 [J]. 运筹与管理, 2016,(2):268—275.

[48] 罗珂. 规划梳理中的大数据应用与探讨——以从化市规划梳理为例 [J]. 小城镇建设, 2016,(4):38—49.

[49] 高万辉. 新型城镇化下的大城市边缘社区公共空间价值探讨 [J]. 经济地理, 2016,(9):72—76.

[50] 王勇. 中小城市新型城镇化之路的思考——基于"价值"模型的视角 [J]. 江苏商论, 2015,(11):80—84.

[51] 胡春林. 技术进步、结构变迁与城镇化发展 [J]. 南阳理工学院学报, 2015,(1):37—41.

[52] 叶晓东, 杜金岷. 新型城镇化与经济增长——基于技术进步角度的分析 [J]. 科技管理研究, 2015,(5):185—189.

[53] 彭竞, 许二歌. 城镇化的农业技术进步效应——基于中国时序数据的经验研究 [J]. 农业经济, 2015,(2):10—12.

[54] 胡雪萍, 李丹青. 技术进步、新型城镇化和就业——基于省

际面板数据的经验分析 [J]. 华东经济管理 ,2015,(12):62—66.

[55] 田宝江 . 新型城镇化背景下城市设计的核心价值探讨 [J]. 南方建筑 ,2015,(5):6—9.

[56] 别鹏举等 . 中国汽车空调行业淘汰 HCF-134a 技术选择与政策建议 [J]. 气候变化研究进展 ,2015,11(5):363—370.

[57] 慕艳芬等 . 面向异质性消费者企业低碳技术选择研究 [J]. 工业工程与管理 ,2015,20(3):51—59.

[58] 闫克平等 . 高电压环境工程应用研究关键技术问题分析及展望 [J]. 高电压技术 ,2015,(8):2528—2544.

[59] 朱学彦 . 基于技术预见的生态环境领域关键技术选择与策略——以上海为例 [J]. 创新科技 ,2015,(2):37—39.

[60] 吴婷 . 生态规划理念对滨海新区空间布局的引导 [J]. 城市 ,2015,(6):70—72.

[61] 钟义信 . 人工智能 : 信息技术的制高点献给《中兴通讯技术》创刊 20 周年 [J]. 中兴通讯技术 ,2015,(3):1—3.

[62] 李斌等 . 农业技术进步、新型城镇化与农村剩余劳动力转移—基于"推拉理论"和省际动态面板数据的实证研究 [J]. 财经论丛 ,2015,(10):3—10.

[63] 韩文军 . 城镇化视角下乡村文化价值的发展策略 [J]. 人民论坛 ,2015,(11):184—186.

[64] 范欣 , 杨静如 . 城镇化进程中乡村文化价值建设存在的问题及对策 [J]. 邢台学院学报 ,2014,(1):56—57.

[65] 毛小扬 . 以人为本 : 新型城镇化建设的价值坐标 [J]. 科学·经济·社会 ,2014,(1):166—170.

[66] 冯向荣 . 智能网络技术在新型城镇化建设中的研究 [J]. 电脑

知识与技术,2014,(4):698—699.

[67] 朱万里,郑周胜.城镇化水平、技术进步与碳排放关系的实证研究——以甘肃省为例[J].财会研究,2014,(6):72—75.

[68] 常春勤,乔旭宁.快速城镇化背景下乡村空间布局优化技术体系构建[J].中国农学通报,2014,30(11):62—66.

[69] 孙大为等.大数据流式计算:关键技术及系统实例[J].软件学报,2014,25(4):839—862.

[70] 周远翔等.高压、超高压电力电缆关键技术分析及展望[J].高电压技术,2014,(9):2593—2612.

[71] 梁海东.基于智能化的机械设备设计[J].装备制造技术,2014,(8):272—273.

[72] 李彬.唐山支持新型城镇化发展的财政对策研究[J].技术与市场,2014,(8):328.

[73] 王洪元.新型城镇化体现人的价值回归[J].管理观察,2014,(7):31—32.

[74] 许丽斌.新型城镇化过程中社区体育的文化价值取向[J].南京体育学院学报(自然科学版),2014,(4):140—143.

[75] 马健.论我国城镇化建设的价值取向[J].福建广播电视大学学报,2014,(2):56—60.

[76] 陈永亮,陈士勇.新型城镇化中价值理性的复归[J].人民论坛,2014,(7):215—217.

[77] 袁建新,郭彩琴.新型城镇化:内涵、本质及其认识价值——十八大报告解读[J].苏州科技学院学报(社会科学版),2013,(3):17—23.

[78] 中国建筑西南设计院有限公司"城镇化建设"课题组.建筑

技术在新型城镇化建设中的运用 [J]. 建筑设计管理 ,2013,(9):16—19.

[79] 蒋晓岚 , 程必定 . 我国新型城镇化发展阶段性特征与发展趋势研究 [J]. 区域经济评论 ,2013,(2):130—135.

[80] 李明惠 , 倪红 . 新型城镇化背景下——南京发展绿色建筑技术对策研究 [J]. 建设科技 ,2013,(14):46—49.

[81] 李迎成 , 赵虎 . 理性包容 : 新型城镇化背景下中国城市规划价值取向的再探讨——基于经济学 "次优理论" 的视角 [J]. 城市发展研究 ,2013,(8):29—33.

[82] 沈清基 . 论基于生态文明的新型城镇化 [J]. 城市规划学刊 ,2013,(1):29—36.

[83] 牛晓春等 . 基于新型城镇化视角的区域城镇化水平评价——以陕西省 10 个省辖市为例 [J]. 干旱区地理 ,2013,(2):354—363.

[84] 赵峥 . 我国城镇化发展的多维价值 [J]. 城市观察 ,2012,(3):165—171.

[85] 钱玉英 , 钱振明 . 走向空间正义 : 中国城镇化的价值取向及其实现机制 [J]. 自然辩证法研究 ,2012,(2):61—64.

[86] 石铁矛 , 李绥 . 基于空间信息技术的城镇化生态风险预警研究——以南充市为例 [J]. 城市规划 ,2012,(2):51—57.

[87] 孙丽等 . 室内空气净化关键技术研究 [J]. 环境保护与循环经济 ,2012,(11):44—47.

[88] 刘海平 . 分配、结构的深化与转型 , 又强调外延式发展——城镇化过程中城镇与乡村新型城镇化内涵探析 [J]. 决策与探索 ,2012,(7):31—32.

[89] 辜胜阻 , 杨威 . 反思当前城镇化发展中的五种偏向 [J]. 中国人口科学 ,2012,(3):2—8.

[90] 熊鹏.从自然价值论看罗尔斯顿的整体生态观[J].企业家天地,2012,(1):194.

[91] 张占仓等.河南省新型城镇化实践与对策研究综述[J].管理学刊,2012,(4):102—106.

[92] 林聚任,王忠武.论新型城乡关系的目标与新型城镇化的道路选择[J].山东省社会科学,2012,(9):48—53.

[93] 田静.新型城镇化评价指标体系构建[J].四川建筑,2012,(4):47—49.

[94] 吴江,申丽娟.重庆新型城镇化路径选择影响因素的实证分析[J].西南大学学报(社会科学版),2012,(2):151—176.

[95] 林聚任,王忠武.论新型城乡关系的目标与新型城镇化的道路选择[J].山东社会科学,2012,(9):48—53.

[96] 杜宁,赵民.发达地区乡镇产业集群与小城镇互动发展研究[J].国际城市规划,2011,(1):28—36.

[97] 李德仁等.从数字城市到智慧城市的理论与实践[J].地理空间信息,2011,(6):1—5.

[98] 刘玉红等.解决资源代际问题的制度思考[J].经济与管理,2010,(1):21—26.

[99] 彭红碧,杨峰.新型城镇化道路的科学内涵[J].理论探索,2010,(4):75—78.

[100] 赵志强.发展与代价的价值论思考[J].云南财经大学学报,2010,(5):31—34.

[101] 王思思,张丹明.澳大利亚水敏感城市设计及启示[J].中国给水排水,2010,26(20):64—68.

[102] 广东省科技厅.集体亮相:广东省城镇化技术集成应用试

点逐个看 [J]. 广东科技 ,2009 (1):8—15.

[103] 潘慧 . 新规划、新产业、新城镇——记广东省城镇化技术集成应用试点佛山市南海区狮山镇 [J]. 广东科技 ,2009,(1):45—48.

[104] 武丹橘 . 营建绿色环保城镇，让信息科技植入农村经济——东源县顺天镇城镇化技术集成应用试点工作综述 [J]. 广东科技 ,2009,(1):54—55.

[105] 郑玉亭 . 实施城镇化技术集成应用试点过程中应注意的几个问题 [J]. 广东科技 ,2009,(1):71—73.

[106] 朱烨 , 卫玲 . 产业结构与新型城市化互动关系文献综述 [J] . 西安财经学院学报 ,2009,(5):113—117.

[107] 程必定 . 统筹城乡协调发展的新型城市化道路——兼论成渝试验区的发展思路 [J]. 西南民族大学学报 ,2008,(1):98—102.

[108] 冉启秀 , 周兵 . 新型工业化和新型城镇化协调发展研究 [J]. 重庆工商大学学报 ,2008,(2):39—45.

[109] 钮心毅等 . 利用手机信令数据测度城镇体系的等级结构 [J]. 规划师 ,2007,(1):50—56.

[110] 张健 , 陈明敏 . 基于智能出行大数据的城市空间活跃区分析及其应用 [J]. 规划师 ,2007,(1):65—72.

[111] 高悦尔等 . 基于 FCD 数据的厦门城市旅游基础设施空间布局 [J]. 规划师 ,2007,(1):80—84.

[112] 程宝良 , 高丽 . 论生态价值的实质 [J]. 生态经济 ,2006,(4):32—34.

[113] 胡安水 . 生态价值的含义及其分类 [J]. 东岳论丛 ,2006,(2):172—174.

[114] 张墨琴 . 兼顾不发达、次发达和发达地区，做到"一个概

念，两个落实，三个突出"——解读广东"城镇化技术集成应用试点"工作 [J]. 广东科技,2005,(Z1):9—14.

[115] 何静,马磊. 扫描试点镇：城镇化技术集成之概况 [J]. 广东科技,2005,(Z1):15—24.

[116] 李桂松. 广东省城镇化技术集成运营模式探讨 [J]. 广东科技,2004,(12):22—27.

[117] 林毅夫等. 技术选择、技术扩散与经济收敛 [J]. 财经问题研究,2004,(6):3—10.

[118] 金周英. 技术制度的创新与软技术 [J]. 国际技术经济研究,2002,(4):25—32.

[119] 陆长平. 对新古典经济学技术选择"悖论"的理论反思 [J]. 财经理论与实践,2002,23(5):9—13.

[120] 严曾. 生态价值浅析 [J]. 生态经济,2001,(10):16—18.

[121] 陈红兵,陈昌曙. 关于"技术是什么"的对话 [J]. 自然辩证法研究,2001,(4):16—19.

[122] 宁越敏. 新城市化进程——90 年代中国城市化动力机制和特点探讨 [J]. 地理学报,1998,53(5):470—477.

[123] 韩民青. 个体与群体是一对重要的哲学范畴 [J]. 东岳论丛,1996,(2):51—56.

[124] 郭建宁. 关于个体主体与群体主体的若干思考 [J]. 青海社会科学,1992,(1):43—46.

[125] 曾尊固,俞彩萍. 南通县农村产业结构变化劳动力转移和城镇化发展 [J]. 地理学报,1989,44(1):68.

[126] 许学强,胡华颖. 对外开放加速珠江三角洲市镇发展 [J]. 地理学报,1988,(03):201—212.

[127]Fikri Zul Fahmi, Delik Hudalah, Paramita Rahayu, Johan Woltjer. Extended urba-nization in Small and Medium-sized Cities: The Case of Cirebon,Indonesia [J].*Habitat International*,2014,(42):1-10.

[128]Anne Mimet, Richard Raymond, Laurent Simon, Romain Julliard. Can Designation without Regulation Preserve Land in the Face of Urbanization? A Case Study of ZNIEFFs in the Paris Region[J].*Applied Geography*,2013,(45):342-352.

[129]Perry Sadorsky. Do Urbanization and Industrialization Affect Energy Intensity in Developing Countries[J].*Energy Economics*,2013,(37):52–59.

[130]Markus Brückner. Economic Growth,Size of the Agricultural Sector,and Urba-nization in Africa[J].*Journal of Urban Economics*,2012,(71):26–36.

[131]BLANCA DE-MIGUEL-MOLINA, JOSE-LUIS HERVAS-OLIVER, RAFAEL BOIX, MARIA DE-MIGUEL-MOLINA. The Importance of Creative Industry Agglomerations in Explaining the Wealth of European Regions[J].*European Planning Studies*,2012,20(8):1263-1280.

[132]Onyebueke U. Victor, Ezeadichie Nkeiru Hope. Rural-Urban 'Symbiosis' ,community self-help,and the new planning mandate: Evidence from Southeast Nigeria[J].*Habitat International*,2011,(35):350-360.

[133]Ercoskun,O.Y., S.Karaasian. Guidelines for ecological and technological built environment: a case study on Gudul-Ankara, Turkey[J].*Gazi University Journal of Science*,2011,24(3):617-636.

[134]L.G. Horlingsa, T.K. Marsden. Towards the real green revolution? Exploring the conceptual dimensions of a new ecological

modernisation of agriculture that could 'feed the world[J].*Global Environmental Change*,2011,(21) :441–452.

[135]Svendsen, G. L. H. Socio-spatial planning in the creation of bridging social capital: the importance of multifunctional centers for intergroup networks and integration[J].*International Journal of Social Inquiry*,2010,3(2):45-73.

[136]Thorkild G., Aero T. Urban Policy in the Nordic Countries-National Foci and Strategies for Implementation[J].*European Planning Srudies*,2008:1.

[137]McDonald,R.I. Global urbanization: can ecologists identify a sustainable way forward? [J].*Frontiers in Ecology and the Environment*, 2008,6(2):99-104.

[138]Anit Mukherjee, Xiaobo Zhang. Rural Industrialization in China and India: Role of Policies and Institutions[J].*World Developme nt*,2007,(35):1621–1634.

[139]W. Brian Arthur. The Structure of Invention [J].*Research Policy*,2007,(3):276.

[140]Kazuhiro Yuki. Urbanization, Informal Sector, and Development[J].*Journal of Development Economics*,2007,(84):76–103.

[141]Paul Courtney, Lucy Mayfield, Richard Tranter, Philip Jones, Andrew Errington. Small Towns as 'sub-poles' in English Rural Development: Investigating Rural–urban Linkages Using Sub-regional Social Accounting Matrices[J].Geoforum,2007,(38):1219–1232.

[149]Ghilardi, L, Bianchini, F. Thinking Culturally about Place[J].In *Place Branding and Public Diplomacy,* 2007:4.

[150]Godfrey Bahiigwa, Dan Rigby and Philip Woodhouse. Right Target, Wrong Mechanism? Agricultural Modernization and Poverty Reduction in Uganda[J].*World Development*,2005,(33):481–496.

[151]Charles J. Kibert. Policy Instruments for a Sustainable Built Environment[J].*J. Land Use & Envtl. L.*, 2002,(17):379- 393.

[152]Yasusada Murata. Rural–urban Interdependence and Industrialization[J].*Journal of Development Economics*,2002, (68):1 –34.

[153]Frank W. Geels. Technological transitions as evolutionary reconfiguration processes: a multi-level perspective and a case-study[J]. *Research Policy*, 2002,(31):1257–1274.

[154]T.Scarlett Epstein, David Jezeph. Development —There is Another Way: A Rural-Urban Partnership Development Paradigm[J]. *World development*,2001,(29):1443 –1454.

[155]James Fleck. Learning by trying: the implementation of configurational technology[J].*Research Policy*,1994,(23):637-652.

网页类：

[1] 常青.超级公路！全球首条高速公路光伏路面试验至今性能良好 [EB/OL].（2018-04-03）[2018-04-03].
http://www.dzwww.com/shandong/sdnews/201804/t20180403_17221137.htm.

[2] 中国城市化进程 [EB/OL].（2013-02-02）[2018-01-22].
https://baike.so.com /doc/ 2215390 -2344209. Html.

[3] 凤凰网财经.十九大后中国城镇化发展新动向 [EB/OL].
(2017-12-11)[2018-02-09].

http://finance.ifeng.com/a/20171211/15859914_0.shtml.

[4] 宁健坤.从城镇化到城乡一体化 [EB/OL].（2013-12-04）[2018-02-07].

http://www.ftchinese.com/story/001053747?full=y#utm_campaign=1D130201&utm_source=marketing&utm_medium=campaign.

[5] 辜胜阻.新时代城镇格局需要创新治理机制.清华城镇化智库 [EB/OL].（2017-11-17）[2018-02-06].

https://mp.weixin.qq.com/s?__biz=MzIxOTU3NjE1OQ%3D%3D&idx=1&mid=2247484344&sn=91428908bf68daab094b84b912bc2655.

[6] 黄育川.让市场力量决定城镇化进程 [EB/OL].（2014-04-02）[2014-10-01].

http://www.ftchinese.com/story/001055572?full2014-4-2.

标准编号类：

[1] 中华人民共和国住房和城乡建设部.GB/ T 50378—2014 绿色建筑评价标准 [S]. 北京：中国建筑工业出版社,2014:2.

[2] 中华人民共和国住房和城乡建设部.绿色建筑评价标准 (GB/T50378-2014)[S]. 北京：中国建筑工业出版社,2014:1-3.

报纸类：

[1] 刘士林.什么是中国式城市化 [N]. 光明日报,2013-02-18(05).

报告类：

[1]The future of the Code for Sustainable Homes．Department for Communities and Local Government: London [R]. 2007.7.

[2]Arthur P.J. Mol. Ecological modernization: industrial transformations and environmental reform [A]. In "The international handbook of environmental sociology". Edward Elgar Publishing, Inc, USA,1997:138-147.

后　记

　　2013 年，出于个人爱好，我将新型城镇化作为我的研究方向之一，至今已整八年。这八年中我对这个研究方向倾注了大量的时间和精力，围绕着这个方向进行理论学习、调研实践、指导研究生。这本书的出版可以为过去八年的工作画上一个句号，虽然并不完美，但算是给自己、一路与我同行的合作者们及研究生们的所有付出一个交待。

　　八年的时间，我国的新型城镇化之路在不断探索中前行，并取得了惊人的成就。作为一个时代的亲历者，感受着祖国飞速发展带来的荣誉感；但因能力有限，也时常在做研究的过程中因发展与变化感到力不从心，怕自己不能追赶上时代发展的速度，怕自己不能追求到新型城镇化的真谛。研究内容从县域经济到五化统筹，从新型城镇化到绿色城镇化，从绿色小城镇到特色小城镇，从美丽乡村到乡村振兴……一直在追逐新型城镇化的发展。但因学识有限，时间不足，书中肯定还是有很多不妥之处，恳请专家与同行们的批评指正。我与我的研究生们将继续努力，在学术研究的道路上继续前行。

虽然能力有限，但非常幸运，付出总有回报，辽宁省社科规划基金、辽宁省教育厅人文社会科学项目、沈阳市社科联项目、沈阳市科技智库项目……我的研究得到了这些机构的肯定与支持，感谢他们对我的帮助。感谢我的博士研究生导师罗玲玲教授对我研究的大力支持，困惑、迷茫时是她鼓励我一直前行。还要感谢辽阳市辽阳县发改局和相关的同志们，是他们支持我的团队在辽阳县进行一次次实地调研，为我们的研究提供翔实的数据基础。还要感谢我的研究生们，她们将自己的毕业论文定在这个方向上并做了大量的工作。本书引用了许多学者的著作、论文作为参考文献，在此，向贡献这些观点的学者表示深深的敬意和感谢。

在这八年的时间里，经历了父亲的离世，更觉家庭生活的可贵。专心教学科研，疏忽了家人的感受，感谢我的母亲、我的先生和儿子对我的支持与包容。

张晶

2021 年 5 月 6 日